KB140858

자폐아이를 위한
의사소통과제 30

집에서 하는
ABA 치료
프로그램

2

자폐아이를 위한
의사소통과제 30

집에서 하는
ABA 치료
프로그램
2

이노우에 마사히코, 후지사카 류지 지음
민정윤 옮김

예문아카이브

일러두기

- 국내 치료 현장에서 전문가들이 실제 사용하는 용어를 기재하였습니다. ABA(응용행동분석)를 처음 접하는 분에게는 다소 생소할 수 있지만, 실전 훈련에서의 혼란을 줄이기 위해 전문가가 사용하는 용어를 사용하였습니다.
- 호칭은 다음과 같이 통일하였습니다.

  어른 ― ABA 훈련을 실시하는 부모 혹은 양육자

  아이 ― ABA 훈련을 받는 쪽

  과제 ― 아이가 ABA 프로그램을 통해 습득해야 하는 의사소통 스킬

  교재 ― 과제를 할 때 사용되는 재료(각종 모형, 그림카드, 사진카드, 프린트물 등)

- 과제를 익히는 데 활용되는 ABA 프로그램을 비전문가인 부모라도 지도할 수 있도록 되도록 쉽게 소개했습니다.
- 발화부터 언어행동 전반을 발전시키는 데 필요한 과제 30가지를 5단계로 나눠 소개합니다.
- ABA 치료를 할 때 '지시→ 촉구 → 아이의 반응 → 강화'를 한 사이클로 하는 DTT(불연속시행훈련)라는 방법을 사용합니다. 촉구하는 방법과 강화하는 방법을 자세히 읽고 실행하시기 바랍니다.
- 의사소통 스킬은 생활학습 스킬에 비해 난이도가 높은 과제입니다. 의사소통 과제를 잘 진행하기 위해서는 ABA에 대한 확실한 지식을 갖추고, 전문가의 조언을 구할 수 있는 환경에서 시작하는 것이 좋습니다.

먼저 읽은 부모의 추천평

• 《집에서 하는 ABA 치료 프로그램》은 난해한 전문용어로 가득한 이론서가 아니라 전자제품 매뉴얼처럼 쉽게 따라할 수 있는 ABA 실전 안내서입니다. 내 옆에 앉아 조곤조곤 친절하게 조언해주는 상냥한 ABA 코치를 만나는 것 같거든요.
ABA 이론은 우리네 삶의 이치와 크게 다르지 않아 조금만 노력하면 깨달음을 얻을 수 있습니다. 그리고 우리는 본의 아니게 임상경험을 풍부하게 갖게 됐지요. 《집에서 하는 ABA 치료 프로그램》이 첫 발걸음을 옳은 방향으로 이끌 훌륭한 지침서가 되어줄 겁니다. 전작인 《생활학습과제 46》편이 아이 스스로 일어서도록 돕는 꿀팁을 제공했다면 이번 《의사소통과제 30》은 아이와 여러분의 '진정한' 상호작용을 진전시킬 열쇠가 되어줄 거예요. 두 영역 모두 우리에겐 영원한 숙제니까요.
'아이보다 하루만 더 살자'라고 되뇌는 부모들에게 한 줌 희망의 불씨를 선물하는 훌륭한 안내서들이 한국 땅에도 차고 넘치게 될 날을 기다리며….
— 꿀이엄마 (네이버 포스트 '꿀이엄마의 엄마표 자폐 발달장애 치료 이야기' 운영자)

• 자폐성 장애아동을 키우는 부모라면 누구나 ABA 치료에 관심이 있으리라 생각합니다. 하지만 부모가 직접 ABA를 배워 치료하고 싶어도 관련 서적을

읽다 보면 '조금은 알겠는데 이제 어떻게 시작해야 하지?'라는 고민과 함께 그 의지가 꺾이기 마련입니다.

그런데 이 책《집에서 하는 ABA 치료 프로그램-자폐아이를 위한 의사소통 과제 30》은 ABA의 원리, 아이와의 의사소통, 글자와 대화를 가르치는 프로그램 진행을 최대한 이해하기 쉽게 안내합니다. ABA 치료에서 중요한 강화제에 대해서도 '언제부터, 언제까지, 어떻게' 제공해야 하는지 자세한 설명을 곁들이며 부모의 이해를 돕고 있습니다. 적절한 강화제 제공을 통해 최초의 발성을 이끌어내고, 이후 타인과의 대화가 자연스럽게 진행되기까지의 의사소통 단계를 DTT와 스몰스텝 방식으로 세세하게 다루고 있어 큰 도움이 됩니다.

책장을 덮는 순간 '이제 나도 내 아이를 직접 치료할 수 있다'라는 자신감과 함께 강력한 동기부여를 얻게 될 것입니다.

– 로운이아빠 (네이버 느린걸음 카페 회원)

글을 시작하며

자신의 생각을 '말'로 전하는
아이로 키운다

"우리 아이의 목소리가 듣고 싶어요."

"아이와 마음껏 대화하고 싶어요."

자폐아이를 키우는 부모라면 누구나 안고 있는 절실한 소원일 것입니다.

치료 현장의 전문가 중에는 "자폐아이는 청각처리능력보다 시각처리능력이 더 뛰어나기 때문에 잘 되지 않는 말을 억지로 가르치기보다는 시각을 통한 의사소통을 적극적으로 가르쳐주는 것이 좋습니다"라고 조언하는 분도 있습니다.

이것이 틀린 말은 아니지만, 최근 연구에서는 아이가 무발화(無發話, 말을 사용하지 못하는 상태)인 경우에도 ABA로 적절히 지도하면 말을 사용할 수 있게 되는 비율이 높다는 것이 증명되고 있습니다. 그러므로 일찍부터 아이의 언어능력을 포기하지 마시기 바랍니다.

또한 말은 하지만 반향어(타인의 말을 메아리처럼 되받아서 따라 하는 말)가 많거나, 일방적으로 하고 싶은 말만 해서 대화가 힘든 경우에도 ABA 치료를 통해 적절한 대답을 하는 등 대화하는 방법을 가르칠 수 있습니다.

ABA 치료는 평범한 부모도 가정에서 충분히 실시할 수 있습니다. 정확한 지식과 방법을 알고 있거나 조언을 구할 ABA 전문가의 도움이 있으면 더욱 좋습니다. 또한 아이가 생활하는 공간인 가정에서 지도하면 가르친 것을 실생활에 반영하고 일반화하기도 용이합니다.

그래서 이 책에서는 자폐아이의 부모가 가정에서 아이를 지도한다는 전제하에, 언어를 중심으로 한 의사소통 스킬에 관한 단계별 프로그램과 가르치는 방법을 정리했습니다.

이 책은 이노우에 마사히코 교수가 쓴《집에서 하는 ABA 치료 프로그램-자폐아이를 위한 생활학습과제 46》의 속편입니다. 이전 책에서도 일부 의사소통에 관한 프로그램을 소개했지만, 의사소통의 모든 것을 포함하고 있지는 않았습니다. 이전 책을 읽은 부모들로부터 발화와 대화 스킬을 키우는 방법을 더 자세히 알고 싶다는 의견을 많이 받았기에, 본서는 의사소통 스킬에 초점을 두고 초급부터 상급까지 총망라하는 단계별 프로그램으로 정리하였습니다.

본서의 프로그램은 의사소통을 위한 기초학습부터 시작해 서서히 '말'을 할 수 있게 하며 단어와 문장을 습득하는 의사소통 스킬로 나아갈 수 있도록 난이도순으로 구성되어 있습니다. 또 이 책만으로도 의사소통에 관한 과제를 기초부터 전체적으로 이해할 수 있도록 이전 책에서 소개했던 과제도 약간 시점을 다르게 해서 다시 기재했습니다.

자폐스펙트럼장애를 가진 아이들이 보다 행복한 사회생활을 하기 위해서는 의사소통 외에도 생활이나 인지·학습 스킬 등 익혀야 할 중요한 과제가 많습니다. 이러한 과제를 습득하는 방법과 절차는 이전 책인《생활학습과제 46》을 참고해주세요.

부모가 실제로 지도하다 보면 궁금증이 생기거나 곤란한 상황에 부 딪히는 경우가 많습니다. 좌절이나 실패를 방지하기 위해서는 ABA 전 문가에게 정기적으로 상담을 받거나 ABA 치료를 전파하는 데 힘쓰는 단체나 스터디 모임 등에 가입하여 경험에서 우러난 적절한 조언과 지 식을 전수받기를 권합니다.

마지막으로 이 책을 위해 많은 분들이 귀한 경험담을 나눠주셨습니 다. 수기를 써주신 부모님들께 진심으로 감사드립니다.

일본 ABA 부모모임 쓰미키회 대표

후지사카 류지

목차

ABA PROGRAM

제1장

★

의사소통 익히기

자폐아이의 언어 발달

자폐아이의 언어 발달 특성에 대해 알아봅니다.
일반적인 언어 획득 과정과 자폐아이의 차이를 이해한다면
과제를 지도하는 데 도움이 될 것입니다.

자폐와 의사소통

자폐아이와 정상발달아이의 발달 차이

자폐스펙트럼장애(Autistic Spectrum Disorder, ASD)는 만 3세까지의 발달 중에 대인관계, 의사소통 분야에서 발달지연이나 편향적인 모습이 나타나며 상동성 행동이나 고집이 존재하는 것으로 진단되는 중추신경계의 기능장애입니다.

자폐스펙트럼장애는 아주 가벼운 상태의 자폐증부터 전형적이고 심한 형태의 자폐증까지 다양한 증상과 기능 수준을 보입니다.

세계적으로 사용되는 진단체계인 미국정신의학회의 DSM(정신장애진단 및 통계편람, Diagnostic and Statistical Manual of Mental Disorders)에서는 2013년 이전 사용되던 DSM-IV까지는 전반적 발달장애(PDD)의 범주를 자폐성 장애, 아스퍼거 장애, 레트 장애, 소아기 붕괴성 장애, 달리 분류되지 않은 광범위성 발달장애(PDD-NOS) 등으로 구분했습니다. 현재 사용되는 DSM-5에서는 전반적 발달장애(PDD) 범주 아래 있던 레트 장애를 제외한 나머지를 모두 자폐스펙트럼장애(ASD)로 통합하여 부르고 있습니다.

자폐증의 특징을 부분적으로 가지고 있는 아이들, 예를 들어 언어지연이나 사회성에 어려움을 가지고 있지만 고집이나 기묘한 행동은 보이지 않는 아이들은 '비전형적 자폐증' 혹은 '달리 분류되지 않는 전반적 발달장애(PDD-NOS)'라고 합니다.

또 사회성 발달에 어려움이 보이고 특유의 고집을 보이더라도 언어나 지적발달에 지연이 없는 아이도 있습니다. 이러한 아이들은 '아스퍼거 증후군'이라고 합니다.

또한, 자폐스펙트럼장애에는 지적장애를 동반하는 경우와 그렇지 않은 경우가 있는데, 지적장애를 동반하지 않는 경우를 '고기능 자폐증(High Functioning Autism)'이라고 합니다.

이 책에서는 넓은 의미의 자폐 증상, 즉 전반적 발달장애(PDD)와 자폐스펙트럼장애(ASD)를 모두 포함하여 '자폐증'이라고 지칭하고 있습니다.

자폐증의 특징 (DSM-5 기준)
A. 사회적 의사소통과 사회적 상호작용의 결함
   1. 주고받는 대화에 어려움을 느끼고, 감정을 공유하지 못한다.

2. 눈맞춤과 신체적 언어 사용이 어렵고, 얼굴 표정과 비언어적 의사소통이 어렵다.

3. 사회적 맥락에 맞게 행동을 조정하는 데 어려움을 보이고, 상상 놀이를 공유하거나 친구 사귀기에 어려움을 보인다. 또래에 대한 흥미가 없다.

B. 제한적이고 반복적인 행동 패턴이나 관심 및 활동

1. 장난감을 줄 세워 놓거나, 사물을 툭툭 던지는 등의 반복적인 동작 운동, 반향어, 개인 특유의 문구를 사용한다.

2. 변화를 어려워하고, 사고가 경직되어 있다. 매일 같은 길로만 다니려고 하거나 같은 음식만 먹으려고 한다. 의례적인 언어적 또는 비언어적 행동 패턴을 보인다.

3. 특이한 사물에 대한 강한 애착 또는 집착을 보이는 등 흥미가 매우 제한적이며 고정되어 있다.

4. 고통이나 온도에 명백하게 무관심하고, 특정 소리, 재질에 혐오 반응을 보인다. 사물을 지나치게 냄새 맡거나 만지거나 빛이나 움직임을 주시하고 시각적으로 즐긴다.

자폐아이의 발달이 정상발달의 아이와 다르다는 것은 예전부터 많은 연구를 통해 밝혀졌습니다. 최근 뇌과학의 진보에 따라 자폐가 있는 사람의 뇌에는 신경세포나 신경전달물질의 움직임 등에 있어서 생물학적 차이가 있다는 것도 명확해지고 있습니다.

한편, 발달에 차이가 있다고는 해도 '목 가누기 → 앉기 → 배밀이 → 서기 → 걷기'라는 운동 면의 발달 순서나, '발성 → 단어 → 문장'이라는 언어 발달의 큰 맥락까지 다른 것은 아닙니다. 자폐 진단을 받은 아이들이라 해도 발달에는 각각 큰 차이를 보이지만 일반적으로 자폐가 있는 아이는 상호작용을 하면서 눈맞춤하는 것을 어려워하거나 감정의 이해나 표출에 어려움을 가지고 있거나 패턴화된 반복적인 발화가 눈에 띄는 등 의사소통이나 인지 발달에 부분적인 지연이나 편향적인 모습이 보입니다. 또한 이것은 전체적인 사회성 발달에도 영향을 미칩니다.

의사소통 발달에도 다양한 능력들이 서로 관계합니다. 구체적으로는 소리를 구분하는 청각이나 색, 모양을 변별하는 시각 같은 '지각 발달', 사람의 표정이나 말 같은 주변 정보의 내용, 의미를 추측하고 판단하는 '인지 발달', 타인과 공감하고 자신의 감정을 컨트롤하는 '정서 발달', 혀의 움직임이나 호흡을 컨트롤하며 적절한 소리를 내기 위한 '운동 발달', 이렇게 다양한 분야의 발달이 토대가 되어 의사소통 능력이 발달하게 됩니다.

의사소통 중 하나인 언어 발달을 돕고 싶다면 단순히 특정 단어를 말할 수만 있으면 된다고 생각해선 안 됩니다. 아이가 언어를 본인의 의사전달 수단으로 사용할 수 있어야 합니다. 그러기 위해서는 의사소통의 전제가 되는 '지각', '인지', '정서', '운동' 등의 발달 상태를 아이 한 명한 명 신중하게 파악하는 것이 중요합니다.

자폐아이의 언어 발달

큰 개인차가 있다고는 하지만 대부분의 자폐아이는 언어 발달의 여러 측면에서 지연이나 편향이 보이고, 대인관계 부분에서는 시선 맞추기가 힘들며 상호작용으로서의 시선을 활용하기 어려워한다는 공통점이 있습니다. 이것을 눈맞춤이나 공동주의(joint attention, 상대가 주목한 대상과 같은 것에 주의를 기울이는 것)의 문제라고 말합니다.

아기는 배고프거나 아프거나 불쾌한 상태가 계속되면 '울음'이라는 생리적인 행동으로 자신의 의사나 욕구를 표현합니다. 양육자는 울음을 단서로 "아기가 울고 있네. 분유? 아니면 안아줘야 하나?" 등 아기의 기분을 가정하면서 말을 걸고 보살피고 아기의 요구를 충족시키며 서로 관계를 맺기 시작합니다.

아기는 점차 의도적으로 울어서 자신의 요구를 보다 적극적으로 양육자에게 전하려고 합니다. 그리고 양육자를 찾거나 얼굴을 돌리거나 눈으로 좇으면서 양육자의 얼굴이나 눈, 혹은 표정이나 목소리에 주목합니다. 보호자의 행동에서 자신의 욕구를 충족시켜줄 중요한 단서를 얻을 수 있기 때문입니다.

또한 언어를 획득하기 전의 아이는 양육자가 하는 말과 눈앞에 있는 물건이 서로 관계가 있음을 깨닫고 연결시킴으로써 언어를 학습합니다. 이 시기에 필요한 것이 '공동주의'라는 행동입니다.

예를 들어, 아빠가 아이 앞에서 옆에 있는 강아지를 보고 "멍멍"이라고 합니다. 아이가 "멍멍"이라는 음성과 옆에 있는 강아지가 같은 것이라고 이해하기 위해서는, "멍멍"이라고 말하는 아빠의 눈과 표정, 제스처를 보고 아빠의 시선을 따라 아빠와 강아지를 번갈아 보면서 "멍멍"과 강아지는 서로 관계가 있다는 것을 학습해야 합니다.

만약 공동주의가 안 되면, 그 아이는 "멍멍"이라는 소리는 듣지만 그 소리를 강아지라는 대상과 연결시키지 못하고 "멍멍"이라는 음성만 모방하거나 흥얼거리겠죠. 말은 하지만 아직 그 의미는 이해하지 못하는 단계입니다.

또 공동주의가 가능한 아이의 경우에도 주의집중이 어려워서 금세 다른 것에 주의를 뺏기거나, 집착이 있거나, 관심의 범위가 좁아 다른 놀이나 활동에 몰두하느라 "멍멍"이라는 음성에 주목하기 어렵기도 합니다.

고집이나 주의집중에 문제를 안고 있는 자폐아이가 '자연스러운 상호

저기 멍멍이네.

작용을 통해 언어를 획득한다'는 것이 쉬운 일이 아님을 알 수 있습니다.

물론 자폐아이의 언어지연이 눈맞춤이나 공동주의의 어려움 때문만은 아닙니다. 자폐아이는 모방을 취급하는 거울뉴런(Mirror Neuron, 타인의 행동을 거울처럼 반영하는 신경 네트워크)이라는 신경세포가 발달하지 못했다는 연구 보고도 있습니다. 인지기능이 편향적이거나 접촉자극과 청각자극에 대한 과민성 또는 둔감성이 지나쳐 대인관계 발달에 영향을 미친다는 연구도 있습니다.

자폐아이의 언어 발달 상태는 아이에 따라 모두 다릅니다. 본서에 소개된 과제를 지도하다 보면 같은 과제라 해도 상황에 따라 과제를 습득하지 못하는 원인이 다양하게 나타나는 것을 알 수 있습니다. 지시할 때 주의집중을 못 했거나, 지시하는 문장이 길어서 이해가 되지 않는다든가, 교재에 주목하는 것을 힘들어한다든가, 주어진 교재를 자기 나름의 조작방법으로만 하려고 고집하는 것 등인데 이것 모두 과제가 진행되기 어려운 상황들입니다.

자폐의 일반적인 특성을 이해하는 동시에 자신의 눈앞에 있는 아이만의 특성을 이해하는 것이야말로 아이의 언어를 발전시킬 수 있는 요령입니다.

그러면 자폐아이가 언어를 획득하기 위해서는 어떤 방법으로 접근해야 좋을지 이제부터 이 문제를 살펴봅시다.

의사소통 지도에 관한 지식

자폐아이의 언어 발달 특성에 대해 알아봅니다.
일반적인 언어 획득 과정과 자폐아이의 차이를 이해한다면
과제를 지도하는 데 도움이 될 것입니다.

의사소통 발달
촉진시키기

ABA 치료의 원칙

현시점에서 자폐아이의 치료에 가장 효과가 높다고 알려진 것이 본서에서 소개하는 응용행동분석(Applied Behavior Analysis, 이하 ABA로 표기)을 기반으로 하는 방법입니다.

ABA는 미국의 심리학자 스키너에 의해 창시·발전된 행동분석학의 한 분야입니다. ABA가 자폐아이 치료와 접목되기 시작한 것은 1960년대부터입니다. 그 후 문제행동의 개선, 의사소통 지도 등 많은 연구가 축적되었고, 특히 로바스(O. I. Lovaas) 박사의 연구에서 발전된 조기집중 행동중재 프로그램은 큰 연구 성과를 보이고 있습니다.

이외에도 자폐증의 발달촉진에 효과가 있는 치료법이나 교육프로그램이 몇 가지 존재합니다. 효과를 보이는 프로그램의 공통점을 보면 두 가지가 있는데, 시각적인 지원과 자극의 조절을 포함한 구조화, 자폐아이의 동기를 부여하는 절차의 도입이라고 볼 수 있습니다.

• 시각적인 지원과 구조화

ABA의 행동치료 프로그램은 기본적으로 일대일 학습 상황에서 진행합니다. 집단학습 효과를 부정하는 것이 아니라 자폐아이가 가장 이해하기 쉬운 상황에서 학습을 시작하기 위해서입니다. 일대일 상황에서 할 수 있게 되면 점차 어린이집이나 유치원, 초등학교 등의 집단 속에서도 연습하면서 성공체험을 할 수 있습니다.

자폐아이는 주의집중이 어려운 경우가 많고, 게다가 유아기에는 산만한 아이가 많으므로 지시나 교재에 주목하게 하기 위해서는 반드시 학습 환경을 조정해주어야 합니다. 예를 들어, 주변에 그림책이나 텔레비전, 게임 등 아이의 주의를 뺏을 만한 것들이 있으면 과제를 하다가 이탈하는 원인이 될 수 있습니다. 이러한 상황을 방지하기 위해 불필요한 자극은 칸막이나 파티션을 쳐서 보이지 않게 두거나, 눈에 보이지 않도록 커튼이나 천으로 가릴 필요가 있습니다(47페이지 그림 참조).

교재를 제시하는 위치나 주의를 끄는 타이밍에도 신경을 써야 합니다. 앞서 이야기한 것처럼 공동주의의 어려움이 있기 때문입니다. 특히 언어 학습을 할 때는 구체적인 물건이나 그림카드를 아이 앞에 제시하면서 지시해야 말과 물건의 관계를 빨리 연결시킬 수 있습니다.

지시는 음성언어뿐 아니라, 시각 정보인 그림카드나 사진으로도 제시합니다. 자폐아이는 청각 정보에 비해 시각 정보의 인지가 우수한 경우가 많아서 시각적인 자극을 잘 이용하면 학습을 원활하게 진행할 수 있습니다. 시각적인 수단은 학습에 의해 스킬을 습득한 뒤에는 점차 제거할 수 있습니다.

• 동기부여의 중요성

자폐아이를 교육할 때 가장 중요한 것이 동기를 높이는 과정입니다. 자폐아이는 흥미나 관심, 좋아하는 것이 한정된 경우가 많아 자발적 학습 기회를 늘리기 위해서라도 동기를 부여하는 과정이 꼭 필요합니다.

'동기를 부여한다'는 것은 ABA에서는 '강화'(39페이지 참조)라는 개념으로 설명됩니다. 본서에서 소개하는 각 과제들에도 아이를 적극적으로 칭찬하거나 좋아하는 활동이나 과자를 '보상'으로 주는 과정이 설명되어있습니다. 학습활동이나 과제를 할 때마다 보상을 사용하는 것에 대해 거부감을 느끼는 분들도 계실 것입니다. 하지만 혼내면서 강제로 과제를 하게 하고, 싫어하는 학습을 억지로 시키는 것에 비하면 강화(보상)를 사용하는 것이 아이에게는 압도적으로 즐거운 학습이 될 것입니다.

또 과제 자체를 즐거운 것으로 하기 위해서는 아이가 좋아하는 것을 교재에 반영하거나 과제를 달성하는 것 자체가 아이에게 즐거운 경험이 되게끔 연구해야 합니다.

• 개별지도에서 집단지원·지도로

자폐아이의 대인관계를 개선하기 위해 '자연스러운 환경의 집단에 들어가 많은 자극을 받는다'라는 방법이 유행한 시기도 있었습니다. 하지만 집단에 적응하기 위해서는 단순히 집단에 아이를 참여하게 하는 것이 아니라 그 집단 내에 개인에게 맞춘 배려나 지원을 담은 프로그램을 운영할 필요가 있습니다.

많은 자폐아이들은 또래친구와의 관계를 어려워합니다. 놀이터에 좋아하는 놀이기구가 있어도 다른 아이가 놀고 있으면 근처에 가지 못하는 아이도 있습니다. 이럴 때 잘 상대해주는 어른이 개입하면 아이들이 자발적인 관계를 맺는 것이 한결 쉬워집니다.

본서가 개별지도상황의 해설을 중심으로 하는 이유는 일대일 상황에서 먼저 간단한 과제를 통해 관계를 형성하는 가운데 '상호작용의 기초 배우기'를 중시하기 때문입니다. 기초 상호작용은 구체적으로 타인에게 주의를 향하는 것, 타인의 말을 듣고 이해하는 것, 요구에 응하는 것, 응한 것을 인정하고 칭찬하는 것 등입니다. 어른과의 일대일 과제로 상호작용에서 성공 체험을 한 뒤 조금씩 또래친구와의 관계에 들어갈 수 있게끔 거기에 필요한 개별지원을 하는 것이 원칙입니다.

의사소통이란

여기서는 자폐아이의 의사소통 발달을 촉진시키는 데 있어서 미리 알아두면 좋을 기초 지식을 설명합니다.

의사소통은 의사(意思)나 지식, 감정 등을 상대에게 전달하거나 교환하는 것을 말합니다. 의사소통에는 언어를 사용하는 의사소통(언어적 의사소통)과 언어 외의 몸짓 등에 의한 의사소통(비언어적 의사소통)이 있습니다.

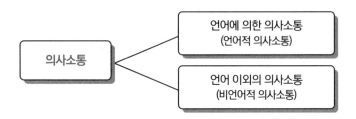

우리는 일상에서 주로 언어를 사용해 상대방에게 의사를 전달합니다. 언어 외에도 얼굴의 표정이나 몸짓, 또는 그냥 침묵 등으로 자신의 기분을 상대에게 전달하거나 상대의 감정을 읽기도 합니다. 이처럼 우리는 평소에 언어적 의사소통과 비언어적 의사소통 모두를 자연스럽게 사용하며 생활하고 있습니다.

또 한 가지, 의사소통에는 적극적으로 자신의 의사를 상대에게 전하는 측면과 수동적으로 상대의 의사를 이해하는 측면이 있습니다. 전자를 '표현적 의사소통', 후자를 '수용적 의사소통'이라고 합니다. 다른 사람과 의사소통을 잘하기 위해서는 양쪽의 능력이 모두 필요합니다.

표현적 의사소통	언어나 몸짓 등으로 상대방에게 자신의 의사를 전달한다.
수용적 의사소통	상대방의 언어나 몸짓 등의 의미를 이해한다.

· 수용언어와 표현언어

언어도 수용언어와 표현언어라는 것으로 구별됩니다. 간단하게 설명하자면 수용언어는 '말한 것을 이해하는 것', 표현언어는 '말하기'입니다.

수용언어	말하는 것을 이해한다.
표현언어	말한다.

이 책에서는 물건이나 사람의 이름, 동사, 형용사, 2어문, 3어문, 조사 등을 순서대로 가르치는데, 이때에도 아이들 각자의 발달을 살펴 수용언어와 표현언어를 가르쳐야 합니다. 또한 원칙적으로, 가르치기 쉬운 간단한 수용언어부터 표현언어 순서로 가르칩니다.

본서 프로그램의 특징

본서의 프로그램은 로바스 박사가 고안한 조기 집중 행동중재 프로그램을 기본으로 합니다. 거기에 저자 이노우에 교수의 임상경험과 자폐증 연구의 최근 성과 등을 근거로 수정을 거듭한 것입니다.

앞서 말씀드린 것처럼 의사소통에는 크게 언어에 의한 의사소통과 비언어적 의사소통이 있습니다. 이 책에서는 그중에서 말, 특히 구어(口語, 음성언어)를 중심으로 프로그램을 구성했습니다.

[보완 대체 의사소통 지도와 음성언어 지도]

자폐아이 중 많은 아이들이 음성 이해나 표출을 어려워하는 데 반해, 시각적 도구인 그림이나 글자를 인지하는 것에는 더 뛰어난 경향이 있습니다. 때문에 발화가 없는 자폐아이에 대한 치료 중에는 수화(사인언어)나 PECS(Picture Exchange Communication System, 그림교환 의사소통 시스템) 같이 그림카드를 사용해 의사표시를 하는 보완 대체 의사소통(AAC, Augmentative Alternative Communication)을 지도하는 프로그램도 있습니다.

무발화의 자폐아이에게 보완 대체 의사소통을 먼저 가르칠지, 음성언어 지도를 우선할지에 대해서는 수십 년 전부터 논쟁이 있어왔습니다. 당초 보완 대체 의사소통은 권장되지 않았습니다. 그 이유 중 하나

어휘

수화

햄버거

그림교환 의사소통 시스템

는 '비음성 의사소통 수단을 먼저 가르치면 아이가 그것에 의지하게 돼서 음성언어의 획득에 방해되는 것은 아닌가' 하는 것이었습니다.

하지만 보완 대체 의사소통이 음성언어의 획득을 방해한다는 객관적인 데이터는 찾아볼 수 없었습니다. 오히려 음성언어 지도를 먼저 했는데도 음성의 획득이 어려웠다는 사례가 있었다는 점, PECS나 수화(사인언어)의 지도가 음성언어 지도보다 가르치기 쉬웠다는 점이 밝혀지면서 보완 대체 의사소통 지도가 교육현장에서도 널리 쓰이게 되었습니다.

한편, 무발화 아이도 유소년기에 그 아이에게 맞는 형태로 ABA 치료를 했을 때 매우 높은 비율로 음성언어를 사용할 수 있게 되었다는 것도 알게 됐습니다. 이 책은 무엇보다도 먼저 음성언어를 획득하는 데 중점을 두고 프로그램을 구성했습니다.

하지만 표현언어에 관해서는 ABA를 통한 치료로도 말하는 것을 힘들어하는 아이가 있습니다. 이런 경우에는 수용언어를 지도할 때 그림카드나 수화(사인언어)와 같은 보완 대체 의사소통 방법을 병행하며 지도할 것을 추천합니다. 그 절차에 대해서는 본서에서도 일부 다루고 있습니다.

치료의 세계는 일괄적인 '우향우'(군에서 쓰던 용어로 오른쪽을 보라고 했을 때 모두가 오른쪽을 보는 전체주의적인 행동에 비유하는 말-옮긴이)가 아닙니다. 아이 한 명 한 명의 그때그때의 발달에 따라 치료법을 유연하게 섞을 필요가 있습니다.

본서 프로그램 이용방법

앞서 설명드렸듯이 자폐증이라고 해도 아이에 따라 발달 정도에는 큰 차이가 있습니다. 의사소통에만 한정하더라도 완전히 무발화인 아이도 있고, 말을 유창하게 잘해서 한눈에 봤을 때 문제가 없어 보이는 아이도 있습니다. 그렇기 때문에 무엇을 가르쳐야 하는지도 아이에 따라 당연히 다를 것입니다.

그러나 아이가 어떤 상태이든 이 책에서 소개하는 프로그램을 처음부터 시행할 것을 추천합니다. '이건 문제없이 할 수 있어'라고 생각했던 부분이 의외로 잘 안 되는 것을 발견할 수도 있습니다. 기초가 탄탄히 잡혀있지 않으면 프로그램의 진행 속도가 늦춰집니다. 기초적인 과제를 성공할 수 있는지 반드시 확인한 후에 다음 스텝으로 넘어가도록 합시다.

또 이 책은 《집에서 하는 ABA 치료 프로그램-자폐아이를 위한 생활학습과제 46》의 속편으로 만들어진 것입니다. 만 2~3세부터 초등학교 저학년까지의 자폐아이를 대상으로 집필했습니다. 신변 자립이나 사회성, 읽고 쓰기, 계산 같은 학습적인 부분도 반드시 획득해야 할 중요한 과제입니다. 이러한 과제를 지도하고 싶다면 《생활학습과제 46》을 참고해주세요. 단, 사회성 장애는 의사소통 장애와 밀접한 관련이 있기 때문에 이 책에서도 사회성을 촉진시키는 프로그램을 몇 가지 기재했습니다.

ABA 핵심 개념과 치료

ABA의 기본 원리와 강화, 소거를 배우고,
가정에서 ABA 치료 시 준비물과 진행방법을 설명합니다.

ABA 기초 지식

지금부터 ABA의 원리, 가르치는 방법과 요령을 설명하겠습니다. 이 책에 소개한 의사소통 프로그램은 모두 ABA를 기반으로 한 것이므로, 아이를 가르치기 전에 ABA에 관해 기본적인 내용과 기초지식을 확실히 머릿속에 넣어야 합니다.

《생활학습과제 46》에서 ABA의 원리와 방법에 대해 자세히 설명해뒀으므로 복습하는 차원에서 다시 한 번 읽으면 도움이 될 것입니다.

ABA 기본 원리 배우기

ABA의 근본이 되는 것은 인간이나 동물의 행동 변화가 무엇에 의해 생기는지를 연구하는 학문인 '행동분석학'입니다. ABA는 행동분석학이 밝혀낸 인간의 행동변화 메커니즘에 관한 지식을 바탕으로 인간사회의 다양한 문제 해결에 응용합니다.

행동분석학이 밝혀낸 행동변화의 기본적인 법칙이란, 어떤 사람이 특정한 행동을 한 결과 그 사람에게 있어서 '좋은 것'이 주어지거나 '싫은 것'이 없어지면 그 행동을 반복하기 쉽고, 반대로 그 행동의 다음에 그 사람에게 있어서 '좋은 것'이 없어지거나 '싫은 것'이 있으면 그 행동은 반복되기 어렵다는 것입니다.

Point

행동 다음에 '좋은 것'이 생기면 그 행동은 반복되기 쉽다.
행동 다음에 '좋은 것'이 없거나 '싫은 것'이 생기면 그 행동은 반복되기 어렵다.

'그건 너무나 당연한 사실 아닌가'라고 생각하는 분이 많을 것입니다. 말 그대로 행동분석학은 우리가 상식적으로 알고 있는 행동에 관한 지식을 과학적으로 증명하고, 주어진 조건에 따른 행동의 변화 과정이나 학습이 성립되기 위한 다양한 조건을 연구하는 학문입니다. 이러한 과학적 연구를 기초로 하는 ABA는 중도의 지적장애, 아스퍼거 증후군, ADHD 등 다양한 대상에 맞춰 개별화된 프로그램을 제공할 수 있습니다.

아이의 바람직한 행동을 이끌어내기 위해서는 부모가 ABA의 원리를 바르게 학습하고 일상에 자연스럽게 녹여내어 사용할 수 있어야 합니다. ABA를 바탕으로 한 행동이 자신과 아이의 관계를 다시 볼 수 있는 기회가 되기도 합니다.

[강화]

행동의 변화를 가져오는 데 가장 중요하게 작용하는 것이 바로 '강화(reinforcement)'입니다.

어떤 행동을 한 직후에 그 사람에게 있어서 '좋은 것', 즉 좋아하는 물건이나 활동이 주어지면 이후 그 행동은 더 강해지거나 증가합니다. 이것이 '강화제 획득에 의한 강화'이며 이렇게 행동을 늘리는 작용을 하는 물건이나 활동을 '강화제(reinforcer)'라고 합니다.

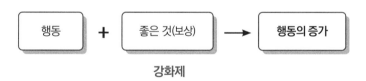

예를 들어, 더운 여름날 백화점이나 가게에 들어가면 냉방이 잘 되어 있어서 시원하고 기분이 좋아집니다. 그러면 우리는 더울 때 가게에 들어

가는 행동을 자주 반복하겠지요. 이것이 '강화' 작용입니다. 이때 '강화
제'는 냉방된 차가운 공기, 증가된 행동은 '가게에 들어가기'입니다.

강화제는 항상 일정한 것으로 정해져있는 것이 아닙니다. 예를 들어,
'냉방된 차가운 공기'는 더운 날씨에는 강화제로 작용하지만 겨울에는
강화제로서 작용하지 않습니다. 과자나 먹을 것도 공복일 때는 강화제
가 되지만 배가 부른 상태에서는 강화제가 될 수 없습니다. 또 좋아하는
활동이나 놀이도 질려버리면 강화제로서 효과를 보기 어렵습니다.

ABA 치료에서는 아이가 말로 요구하거나 손가락으로 가리키는 등의
바람직한 행동을 하도록 환경을 조정하고, 어른이 도와주면서(촉구) 그
행동을 끌어낸 뒤, 행동 직후에 그 아이에게 강화제가 되는 것을 제공하
며 강화합니다. 이때 강화제를 무엇으로 할지가 치료의 성과를 크게 좌
우합니다. 따라서 아이에게 강화제가 될 만한 물건이나 활동을 미리 리
스트로 만들어두면 도움이 됩니다. 아이가 직접 강화제를 선택하게 하
거나 토큰 시스템(64페이지 참조)을 이용해도 좋습니다.

강화에는 또 한 가지 '행동의 직후에 본인이 좋아하지 않는 물건이나
활동을 제거하기'를 통해 행동을 증가시키는 '혐오제(punisher) 제거에
의한 강화'가 있지만, 이것은 치료를 할 때 잘 사용하지 않는 방법이므
로 이에 대한 설명은 생략합니다.

[소거]

행동의 변화를 가져오는 데 두 번째로 중요한 작용을 하는 것은 '소거
(extinction)'입니다.

강화된 행동의 직후에 그 사람에게 있어서 '보상'이 되는 '좋은 것'이 얻어지지 않는다면 이후 그 행동은 조금씩 감소됩니다. 이 작용을 '소거'라고 합니다.

예를 들어, 더운 여름날에 더위를 식히려고 가게에 들어갔는데 냉방이 시원찮아서 조금도 시원해지지 않았다고 가정합시다. 이후 그 가게에 여러 번 갔는데도 언제나 시원하지 않았고, 가게에 다른 매력도 없다면 당신은 결국 그 가게에는 가지 않게 되겠죠. 이것이 '소거'의 작용입니다. '시원함'이라는 보상이 없어짐으로써 '가게에 들어가기'라는 행동이 줄어든 것입니다.

아이가 바람직하지 않은 행동을 할 때 이 '소거' 방법을 잘 사용할 필요가 있습니다. 치료 중에 아이가 교재를 던져버린다고 합시다. 그때 어른이 교재를 주우러 가거나 "안 돼!"라고 혼내면 장난을 좋아하는 아이에게는 그것이 나름의 즐거움, 즉 강화제가 되어버려서 교재를 던지는 행동을 오히려 강화시키게 되기도 합니다. 그럴 때는 부적절한 행동에 대해 '주목(관심주기)'이라는 강화제를 주지 말고, 담담하게 치료를 이어가야 합니다. 그렇게 함으로써 '교재를 던지다'라는 행동을 점차 소거할 수 있습니다. 여기서 주의할 점은, 소거는 '강화를 하지 않는 것'이지 항상 아이의 행동을 무시하는 것은 아니라는 것을 기억하기 바랍니다.

위의 행동이 과제로부터의 '이탈'이나 '회피'의 기능을 가지는 경우, 즉 교재를 던지는 행동을 하면 과제라는 혐오제(좋아하지 않는 것)를 하지 않아도 되는 것으로 강화되고 있다면(혐오제 제거에 의한 강화), 그 행동을 하더라도 혐오제가 제거되지 않는 소거를 동시에 시행할 필요가 있습니다. 그런 경우는 단순히 아이의 행동을 무시하는 것이 아니라, '과제를 중단하지 않고 계속한다'라는 것이 소거의 절차가 됩니다.

소거 방법을 사용할 때는 '소거폭발(extinction burst)'이라는 현상에 주의해야 합니다. 이것은 지금까지 강화되어 온 행동이 소거되기 시작하면서 일시적으로 그 횟수가 증가하거나 더 강해지는 것을 말합니다.

예를 들어, 텔레비전 리모컨의 상태가 좋지 않을 때 '버튼을 누른다'는 행동은 '텔레비전이 켜진다'는 강화제가 얻어지지 않기 때문에 소거됩니다. 우리는 이럴 때 리모컨을 더 세게 누르거나 몇 번이고 반복해서 누르지요. 이렇게 일시적으로 '리모컨 누르기'라는 행동이 증가하는 것을 소거폭발이라고 합니다.

만약 이때 우연히 텔레비전이 켜지면 어떻게 될까요? 다음부터 그 사람은 리모컨이 잘 작동하지 않을 때 리모컨을 세게 누르거나 버튼을 몇 번이고 누르는 행동을 더 빈번히 하겠죠. 즉 소거폭발 중에 그 행동이 강화되면 그 행동은 약해지기는커녕 더욱 강해지게 됩니다.

일상생활을 하면서 소거 절차만으로 부적절한 행동을 줄이거나 약하게 하기란 어려운 일입니다. 소거 기간이 길어지면 서서히 행동이 소거되지만, 소거 기간 중 누군가가 한번이라도 강화해버리면 행동이 더욱 증가하게 되어버립니다.

따라서 부적절한 행동을 변화시키고 싶다면 소거뿐 아니라 부적절한 행동이 발생하지 않도록 대비해야 합니다. 과제를 할 때 이탈 행동을 보인다면 과제의 양이나 난이도를 조정하거나 교재를 바꿔보는 등 환경조정을 우선으로 하고, 과제를 하는 행동을 강화해주는 절차를 병행해야 합니다.

[약화]

행동의 변화를 가져오는 세 번째 작용은 '약화(또는 벌, punishment)'입니다.

어떤 행동 직후에 그 사람에게 있어서 '싫은 것'이 뒤따르면 이후 그 행동은 감소합니다. 이때의 싫은 것(불쾌한 물건이나 자극)을 '혐오제(punisher)'라고 하고, 혐오제를 사용해 행동을 줄이는 것을 '혐오제 제

시에 의한 약화'라고 말합니다. 일상생활에서 우리가 흔히 '벌'이라고
부르는 것이 이것에 해당합니다.

누구라도 한 번쯤 뜨거운 주전자나 냄비에 손이 닿아서 화상을 입은
경험이 있을 것입니다. 그러면 다음부터는 무심결에 만지지 않으려고
주의를 기울이게 됩니다. 이것이 '혐오제 제시에 의한 약화'의 대표적인
예입니다. 이때의 혐오제는 '뜨거운 감각이나 화상', 줄어든 행동은 '뜨
거운 주전자나 냄비를 만지다'입니다.

약화에는 또 한 가지, 어떤 행동 직후 강화제를 없애는 '강화제 제거
에 의한 약화'가 있습니다. '자습시간에 떠든 학생은 점심시간 없음'처
럼 떠든다는 행동의 결과, 점심시간이라는 강화제가 없어지는 것으로
그 행동을 약하게 만드는 것입니다.

ABA 치료에서는 기본적으로 약화 절차는 다루지 않습니다. 곤란한
행동에 대해서는 환경 조정, 적절한 행동에 대해 강화, 거기에 소거를
조합하는 방법으로 대응합니다.

ABA에서는 원칙적으로 약화 절차는 사용하지 않는다.

다만, 환경을 조정하고 강화와 소거를 사용했는데도 문제행동에 대해 효과를 보지 못할 때 약화를 사용하는 경우가 있습니다. 그럴 때에도 가능한 한 '강화제 제거에 의한 약화'를 사용합니다. 대표적인 것이 '타임아웃'입니다. 일정 시간 게임기를 사용하지 못하게 하거나, 게임기가 있는 곳에서 떨어져서 다른 방에 있게 하는 방법입니다.

타임아웃하는 시간은 몇 분 안 되지만, 타임아웃 방법을 사용할 때 결코 화를 내거나 혼내지 않아야 한다는 것을 기억하세요. 타임아웃은 혼내지 않으면서 문제행동의 약화를 유도하기 위한 절차이기 때문입니다.

[행동분석기법의 네 가지 원리]

지금까지 말씀드린 행동의 변화를 가져오는 작용을 표로 정리하면 아래와 같습니다.

행동을 늘리다 '강화'	행동 다음에 강화제를	제시
	행동 다음에 혐오제를	소거
행동을 줄이다 '약화'	행동 다음에 혐오제를	제시
	행동 다음에 강화제를	소거

치료할 때 특히 주의해야 할 점이 있는데, 강화제를 제시할 때뿐 아니라 혐오제를 제거할 때도 행동을 증가시키는 작용이 일어난다는 점입니다.

예를 들어, 어른이 답답해하면서 큰소리로 "일어서!"라고 하고, 아이가 그에 응했다고 합시다. 이런 경우 어른의 큰소리나 엄한 표정이 아이에게는 혐오제로 작용할 때가 있습니다. 아이는 일어서는 행동을 함으로써 부모에게 혼나지 않아도 되는 상황을 만들고 싶었던 것입니다. 즉 혐오제의 제거를 위해 아이가 그 행동을 취한 것이 됩니다. 이런 상황이라면 그 뒤에 강화제를 제시한다고 해도 그 강화제가 행동을 늘리기 위한 효과로 작용하는 일은 거의 없을 것입니다.

이것은 일상생활에서 충분히 일어날 수 있는 광경이지만 바람직한 학습방법은 아닙니다. 혐오제로 인해 학습한 아이는 '엄하게 다뤄야지 겨우 말을 듣는다'처럼 되기 때문입니다.

구체적인 내용은 Step4의 칼럼 '두 가지 강화'(250페이지)를 읽어보면 아시겠지만, 혐오제에 의한 학습은 결과적으로 그 아이의 의사소통 발달을 방해하게 됩니다. '강화제의 제시에 의해 바람직한 행동을 늘린다'는 원칙을 잊지 않아야 합니다.

가정에서 치료할 때의 진행방법

가정에서 치료할 때 필요한 준비와 학습의 순서를 구체적으로 설명하겠습니다.

[준비할 것]

① 치료를 할 장소

가능한 한 치료용 방을 따로 준비해주세요. 치료하는 방을 별도로 마련하기 어려우면 거실이나 방 한구석을 이용해도 괜찮습니다. 장난감이 아이 눈에 잘 띄는 곳에 놓여 있거나, 텔레비전이나 게임기 등이 있으면 주의를 뺏기기 쉽습니다. 칸막이를 세워 가리거나 천으로 장난감을 덮는 등 불필요한 자극이 시야에 들어오지 않도록 환경을 정비합니다.

칸막이

덮어놓는다

② 책상과 의자

다음으로 치료용 책상과 의자를 준비합니다. 크기와 높이는 아이의 몸에 맞춥니다. 다만, 서로 마주보고 앉았을 때 어른의 손이 아이의 몸에 닿을 수 있을 정도의 약간 작은 책상이 좋습니다. 치료할 때 필요하지 않은 물건은 책상 위에 올리지 않아야 합니다.

③ 강화제

보상, 즉 강화제로 사용할 물건을 가능한 한 많이 준비합니다. 아이가 좋아하는 장난감이나 그림책, 게임, 비디오, 스티커 등을 강화제로 사용할 수 있습니다. 다만, 치료할 때 강화제로 사용하는 물건이라면 평소에는 그걸로 놀지 않도록 해야 합니다. 치료 초반에는 과자나 과일, 주스 같은 먹을 것이나 마실 것을 강화제로 사용해도 괜찮습니다.

④ 교재

교재를 준비합니다. 교재는 동물이나 과일, 탈것 등의 모형이나 그림카드, 사진카드 등을 말합니다. 가능한 한 집 안에 있는 물건을 사용하지만 모형은 인터넷이나 다이소 같은 천원 숍에서 파는 시판 물건으로 준비하는 것이 편리합니다. 이름카드나 동작카드는 시판용을 사용해도 되고, 부모가 사진을 찍어서 카드로 만들어도 상관없습니다. 그림카드용 일러스트 등을 무료로 제공하는 사이트도 있습니다.

⑤ 기록용 노트

매일 치료한 내용과 결과를 기록하기 위해 노트를 한 권 준비해주세요. 학습 전체를 기록하지 않아도 됩니다. 과제가 종료된 뒤에 마지막 두세 번 시행한 것을 기록하세요. 80퍼센트 이상 성공하면 A, 반 정도 성공하면 B, 그 이하는 C 등의 기호로 분류하는 등 자기 나름의 기록하기 쉬운 방법을 찾아주세요.

[치료방법]

치료할 때 기본적으로 'DTT(Discrete Trial Training, 불연속시행훈련)'라는 방법을 사용합니다.

먼저 간단한 지시를 하고, 필요에 따라 '촉구(prompt)'라 불리는 도움

치료 노트의 예

○월 ○일 동작모방 랜덤 조건	1세트째	2세트째	3세트째	4세트째	5세트째
손을 머리에	△	△	○	○	○
박수	○	○	○	○	○
손을 무릎에	△	△	△	△	○
손을 배에	△	△	○	○	○

○ 성공
△ 촉구

〈구체적인 버전〉

동작모방
랜덤 조건
과제(손을 머리에, 박수, 손을 무릎에, 손을 배에)

○月○日　　　C
○月○日　　　C
○月○日　　　B
○月○日　　　A
○月○日　　　A

종료
A 80% 이상
B 80~60%
C 60% 이하

〈간단 버전〉

이나 힌트를 주어서 정반응(바람직한 반응)을 이끌어냅니다. 아이가 정반응을 하면 강화제를 제공해서 강화합니다.

'지시 → 촉구 → 아이의 반응 → 강화'의 한 사이클을 '한 번 시행(trial)'이라고 합니다. 시행이 끝나면 다음 시행까지 1~3초 정도의 짧은 시간 간격을 둡니다. 이것을 '불연속(discrete)'이라고 합니다.

시행의 흐름

시행과 시행 사이에 시간 간격을 두는 이유는, 그에 따라 치료에 리듬이 생기고, 어른이 제시하는 다음 지시에 아이가 주의를 기울이기 쉬워지기 때문입니다.

[지시하는 방법]

처음에는 되도록 불필요한 말은 빼고 간단명료하게 지시합니다. 예를 들어 "머리를 만져주세요"라고 말하면 언뜻 보기에 정중하고 문제가 없어 보이지만, 말의 이해가 서툰 자폐아이에게는 '주세요'만 귀에 들어와서 정작 중요한 단어인 '머리'를 챙겨 듣지 못합니다. 따라서 처음에는 "머리"라고만 말하는 것이 좋습니다. 말의 이해도가 높아지면 점점 일상에서 사용하는 말처럼 문장으로 지시할 수 있습니다.

지시는 몇 번이고 반복하지 않도록 주의해야 합니다. 같은 지시를 몇 번이고 반복하면 아이가 허공만 바라보는 일이 많아지고, 말이 가지고 있는 힘이 오히려 약해집니다.

따라서 지시는 한 번만 하고, 5초 정도 아이의 모습을 지켜보세요. 5초 이내에 아이가 제대로 반응하지 않으면 한 번 더 같은 지시를 한 뒤 바로 촉구하여 도와주고 성공하게 합니다. 그리고 바로 강화해줍니다. 이것을 반복해주세요.

Point

- 지시는 간단명료하게
- 지시는 몇 번이고 반복하지 않는다.

[촉구]

'촉구'는 과제를 성공하기 위해 옆에서 도움을 주는 것이나 힌트를 말합니다. 자폐아이 중에는 학습에 대한 동기가 약하거나, 실패하는 경험에 약한(금방 좌절하는) 아이도 있습니다. 때문에 학습을 처음 시작할 때는 가능한 한 실패를 적게 하고 성공 체험을 늘려서 아이에게 학습이 즐거운 일이 되게끔 배려해줄 필요가 있습니다. 그러기 위해서는 적절한 행동을 할 수 있도록 도움을 주며 확실한 성공 체험을 강화하는 것부터 시작해야 합니다.

예를 들어, 어른이 "네"라고 말하면 한 손을 드는 행동을 가르친다고 합시다. 처음에는 "네"라고 말해도 손을 들지 못하기 때문에 "네" 하고 말함과 동시에 아이의 오른손을 잡고 들어줍니다. 이것이 '촉구'입니다. 손을 들었으면 칭찬해주면서 강화합니다.

이렇게 처음에는 '완전촉구(full prompt)'라고 하는, 100퍼센트 도움을 주면서 확실하게 정반응을 보이도록 합니다. 또 촉구가 늦어지면 실패하기 때문에 지시와 동시에, 혹은 지시 직후에 촉구하도록 합니다.

완전촉구로 여러 번 성공하면, 다음 시행부터는 서서히 촉구를 줄여나갑니다. 이것을 '촉구용암법(prompt fading)'이라고 합니다.

촉구용암법을 하는 방법은 다음과 같습니다. "네"라고 말을 걸고, 바로 아이의 오른팔 팔꿈치를 가볍게 누르면서 올려줍니다. 아이가 조금이라도 스스로 손을 올리면 성공한 것이므로 충분히 강화합니다. 조금씩 누르는 힘(촉구)을 약하게 하고, 마지막에는 팔꿈치를 손가락으로 가볍게 찔러주는 정도로만 합니다. 이렇게만 해도 아이가 손을 올릴 수 있게 된 후에는 그 촉구도 없애고 "네"라고 말했을 때 손을 올리는지 안 올리는지 확인합니다. 손을 올리면 강화하고, 손을 올리지 않으면 방금 전에 했던 방식으로 다시 촉구를 하고 조금씩 신중하게 줄여나갑니다(101페이지 그림 참조).

Point

- 촉구는 지시와 동시에, 혹은 직후에 한다.
- 처음에는 완전촉구로 확실하게 정반응을 보이도록 도와준다.
- 서서히 촉구를 줄여서 마지막에는 촉구 없이 한다.

[치료 중에 강화하는 방법]

ABA 치료에서 가장 중요한 것은 강화입니다. 아이가 정반응을 보이면 그것이 촉구에 의한 정반응이라도 바로 강화해주어야 합니다.

강화하는 방법에 대해 말씀드리자면 먼저 마음을 다해 과장되게 칭찬해주세요. 부모가 '마음을 다해 과장되게 칭찬하기'를 할 수 있느냐 여부가 치료의 성공과 실패의 열쇠가 된다고 해도 과언이 아닙니다.

유아기의 자폐아이는 어른이 칭찬하는 말이나 표정, 몸짓만으로는 강화의 힘이 충분하지 않은 경우가 있습니다. 이런 경우에는 간지럽태우기나 안아주기, 높이높이 같이 아이가 기뻐하는 신체적인 놀이를 동시에 해주면서 칭찬해주도록 합니다. 신체적인 접촉을 좋아하지 않는 아이라면 과자나 장난감 등을 보상(강화제)으로 줍니다.

과자류의 강화제는 질리지 않도록, 또 배가 부르지 않도록 아주 작게 쪼개서 조금씩 주도록 합니다. 엠앤엠즈 같은 초콜릿 알맹이라면 한 알을 절반으로 잘라서 주는 식입니다. 사탕이나 카라멜처럼 입안에 오래 남아있는 종류는 적절하지 않습니다. 바로 없어지는 강화제가 아니면 다음 시행으로 넘어가기 어려워집니다.

장난감을 강화제로 사용하는 경우, 10초 정도 놀게 하고 돌려받는 식으로 진행합니다. 장난감을 돌려받으려고 할 때 아이가 강하게 저항해서 관계가 혐오적으로 바뀌는 경우가 있습니다. 만약 구슬 떨어트리기에 흥미가 있는 아이라면 구슬을 강화제로 제시하고, 아이가 떨어트린 구슬을 어른이 잡는 방식으로 하면 자연스럽게 저항 없이 학습으로 돌아갈 수 있습니다.

치료가 궤도에 오르면 그때까지 매번 제공했던 과자나 장난감 등의 강화제를 조금씩 덜 주고 말로 칭찬합니다. 그렇게 하다 보면 과자나 장난감 등의 강화제가 없어도 칭찬하는 말만으로도 점차 강화제로서 작용하게 됩니다.

또 정반응을 보일 때마다 스티커나 점수를 주고, 몇 개 모이면 더 좋은 보상과 교환하는 시스템을 사용해도 좋습니다. 여기서 스티커나 점수, 도장 같은 강화제를 '토큰'이라고 부릅니다. 토큰에 관해서는 뒤에 구체적인 설명이 있으니 참고해주세요(64~66페이지).

토큰 사용이 정착된 단계에서는 토큰을 다 모으면 의자에서 일어나 조금 긴 시간 동안 즐거운 활동을 하도록 허락하세요. 의자에서 멋대로 일어나서 어딘가로 가버리는 것을 인정하는 것이 아니라, 토큰을 다 모으면 "놀다 와"라고 말하고 의자에서 일어서도록 해서 놀이공간에서 놀게 해주는 것입니다. 이때 사진카드로 놀이를 선택하게 하는 것도 추천하는 방법입니다.

과자나 음식 등의 강화제는 가능한 한 조기에 좋아하는 활동과 교환할 수 있는 '토큰'이나 '칭찬하는 말' 등의 강화제로 바꿔가는 것이 바람직합니다.

어떤 것을 강화제로 사용하는 것이 좋을지는 아이에 따라 다릅니다. 각자 아이에게 작용하기 쉬운 강화제를 연구해보세요.

아이에게 있어 강화제가 될 가능성이 있는 것을 목록화한다.

• 과자, 과일, 주스 등의 먹을 것·마실 것

- 장난감, 그림책, 게임, 비디오 등
- 쓰다듬어주기, 안아주기, 높이높이 등의 신체 접촉
- 쉬는 시간이나 좋아하는 활동(공작 등)
- 칭찬하는 말, 웃는 얼굴

또한 이 강화제들은 아이가 정반응을 보이자마자 1초 이내에 빠르게 제공해주세요. 강화가 늦어질수록 효과가 약해집니다.

Point
- 마음을 다해 과장되게 칭찬한다.
- 과자나 장난감은 질리지 않도록 조금씩 준다.
- 반응 후 1초 이내에 빠르게 강화한다.
- 보상을 조금씩 간격을 두면서 준다.

[오반응·무반응의 대처]

아이가 틀리면 바로 "틀렸어!"라고 지적하기보다는 조금 기다렸다가 다시 한 번 지시하고, 촉구로 확실하게 정반응을 할 수 있게 도와주고 강화하는 것이 기본입니다. 이때 하는 강화는 한 번에 정반응을 보였을 때 하는 강화보다는 약하게 해서 보상에 차이를 주는 것이 좋습니다. "잘 하고 있구나" 같이 말로만 강화하는 식입니다.

'무반응(반응 없음)'의 경우도 어느 정도의 시간 동안 반응이 없을 때

무반응이라고 할지를 정합니다. 보통은 지시하고 5초 기다려도 반응이 없으면 다시 지시를 해서 이번에는 촉구로 정반응을 하게 하고 강화합니다. 이 경우도 오반응과 마찬가지로 강화의 강도를 약하게 합니다.

Point

- 틀렸을 때 꾸짖거나 나무라지 않는다.
- 다음 시행에서 촉구로 성공을 유도한다.
- 무반응의 경우도 5초 기다렸다가 재지시. 다음 시행은 촉구로 성공하게 한다.

가정에서 치료를 시작하기 전에

마지막으로 집에서 ABA 치료를 시작하기에 앞서 꼭 기억해야 할 점을 말씀드리겠습니다. 아래의 내용은 이전 책인 《생활학습과제 46》에도 설명했지만, 중요한 부분이므로 한 번 더 읽는 것을 권합니다.

[혼자서 떠맡으려고 하지 않는다]

최근 일본에서도 ABA를 다룬 책이 많이 출판되고 있습니다. 하지만 비전문가인 보호자가 책을 몇 권 읽고 독학으로 가정에서 치료한다는 것은 결코 쉬운 일이 아닙니다.

실제로 가정에서 치료하다 보면 프로그램이 좀처럼 진행되지 않거나 아이가 잘못된 것을 학습하는 등 어떻게 해야 좋을지 판단이 서지 않는 상황에 직면하는 경우가 분명 있습니다. "이래도 괜찮은 건가" 하는 불안감이 생기는 일도 많습니다.

그런 상황에 대처하기 위해 치료의 진행과 어려움을 상담할 수 있는 전문가를 알아두는 것이 좋습니다. ABA에 의한 치료를 지원하는 전문가는 일본에 아직 많지 않은 현실이지만, 부모들의 모임이나 지자체에서 운영하는 곳도 있습니다. 본서의 공동 저자인 후지사카 류지 씨가 대표로 있는 'NPO법인 쓰미키회'가 대표적인 부모모임입니다. 그외에 인터넷 커뮤니티에서도 정보와 도움을 얻을 수 있습니다. 조언이 필요할 때 참고해주세요.

또, '과제가 진행되지 않아서 답답한 마음에 아이에게 짜증내고 화를 내게 된다', '다른 엄마랑 비교했을 때 나는 노력이 부족한 것은 아닌가 싶어 우울하다'는 이야기를 종종 듣게 됩니다. 하루라도 빨리 아이가 발전했으면 하는 초조함은 알겠지만, 보호자의 마음에 부정적인 생각과 악영향을 미치는 치료는 아이에게도 결코 좋은 결과를 주지 못합니다.

자폐아이 한 명 한 명이 다 다른 것 같이 보호자들의 가정환경이나 성격도 다릅니다. 그렇기 때문에 먼저 자신을 파악하고, 스스로 무리하지 않는 선에서 진행할 수 있는 페이스로 치료했으면 합니다. 주위와 자꾸 비교해서 얻을 수 있는 것은 아무것도 없습니다.

부모와 아이가 웃으면서 즐겁게 치료를 진행할 수 있도록 가족이나 선생님 등 주변사람 중에 이해해줄 수 있는 사람을 많이 확보하는 것도 중요합니다. 아이의 성장을 인정하고 같이 기뻐해줄 사람이 있으면 치료를 지속하는 데 좋은 자극과 격려가 됩니다. 또한 아이가 정체기에 있을 때나 성장과정 중 문제행동이 늘어나는 시기에 누군가 이야기를 들어주는 것만으로도 마음이 편안해질 수 있습니다.

가능하다면 가족끼리도 가사나 치료를 분담하세요. 엄마가 지도를 주로 담당하고 있다면 아빠는 교재 만들기, 혹은 엄마가 휴식시간을 가질 동안에 아빠가 아이를 돌보는 등 조금씩이라도 좋으니 역할을 나눠가며 진행하세요.

[정보를 교환할 수 있는 지역 동료 만들기]

장애가 있는 아이와 보호자에게 지원하는 내용은 지자체에 따라 큰 차이가 있습니다. 특수교육 시설이나 서비스도 역시 지역에 따라 차이가 있습니다.

이런 지역 정보는 지자체별 발달장애인지원센터(중앙장애아동 발달장애인지원센터 www.broso.or.kr)에 문의하는 것이 가장 정확합니다. 하지만 아무래도 같은 장애가 있는 부모로부터 얻는 정보가 더 참고가 될 것입니다. 자폐아이에 대한 임상경험이 많고 이해가 깊은 병원, 아이가 놀기 수월한 공원 같은 공공시설의 정보, 아이의 생활을 지원해주는 활동보조 선생님이나 데이케어 서비스 정보를 알아두면 치료를 원활하게 진행하는 데에도 분명 도움이 될 것입니다.

지역의 부모모임 정보는 발달장애인지원센터나 한국자폐인사랑협회

(www.autismkorea.kr) 등을 비롯해 인터넷 커뮤니티 등에서 얻을 수 있습니다.

[아이에게 맞춘 프로그램 진행하기]

우리 아이에게 딱 맞는 치료 프로그램이 치료 효과를 가장 높일 수 있음은 말할 것도 없습니다. 책에 쓰여 있는 프로그램은 만인에게 맞춘 프리사이즈 옷과 같은 것입니다. 누구라도 착용할 수는 있지만 누구에게나 딱 맞지는 않습니다. 따라서 이 책에 쓰여 있는 그대로 프로그램을 진행하지 못하는 경우가 생기는 것은 당연한 일입니다. 본서의 프로그램을 밑바탕으로 하되 아이의 특성이나 환경에 맞춰 프로그램을 조금씩 변경해 진행할 수 있어야 합니다.

그러기 위해 꼭 했으면 하는 것이 바로 '기록'입니다. 치료 전문가는 기록을 하면서 자신의 지도 내용이 적절했었는지 항상 확인합니다. 그 작업을 통해서 아이에게 보다 효과적인 프로그램 내용을 만들 수 있는 것입니다. 보호자도 간단하게라도 기록하면서 치료를 진행하기를 권합니다.

그날의 과제 내용이나 정반응의 횟수, 치료하면서 알게 된 것, 일상생활에서 보이는 새로운 행동 등을 간단하게라도 좋으니 꼭 적어보세요. 그 기록을 통해 특이한 것, 새로운 강화제와 같이 아이에 대해 알 수 있는 힌트가 보일 것입니다. 기록을 다시 살피면 지도할 때 고쳐야 할 점은 없는지, 반성할 부분이 어디인지도 알아차리기 쉬울 것입니다.

과제를 잘 진행하기 위한 Q&A 16

⋮

① ┈┈┈┈┈┈┈┈┈┈┈┈┈┈┈┈┈┈┈┈┈┈┈┈┈┈┈┈┈┈┈┈┈┈┈┈
우리 아이는 매우 산만하고 잠시도 가만히 있지를 못합니다. 아이에게 다가가서 뭔가를 하려고 해도 금방 어딘가로 가버립니다. 한 곳에 가만히 있지 못하는 아이에게 어떻게 해야 과제를 시킬 수 있을까요?

A 이런 경우 '어딘가로 가버린다'라는 아이의 행동에만 눈이 가곤 합니다. 하지만 대응책을 생각하기 위해서는 그 행동의 '사전에 있었던 일'과 '결과'에도 주목할 필요가 있습니다. 아이를 관찰한 뒤 다음 네 가지 점에 대해 기록을 해봅시다.

① 그 행동을 일으킨 시간 (예: 과제 시작하고 3분 후 등)

② 사전에 있었던 일 (예: 그림카드를 건넸다)

③ 행동 (예: 그림카드를 내던지고 문이 있는 쪽으로 간다)

④ 결과 (예: 쫓아가서 의자에 앉히려고 하니 싫어하며 패닉. 과제 중단)

기록을 하면 아이가 특정 행동을 하는 원인이나 계기를 추측하기 쉽습니다. 아이는 책상을 떠나 이리저리 움직이는 행동을 통해 과제를 회피하는 것일지도 모릅니다. 아니면 방 안에 뭔가 신경이 쓰이는 것이 있어서 과제보다 그쪽에 더 흥미가 있을지도 모릅니다. 아니면 자신이 일어섰을 때 엄마가 당황하거나 쫓아오는 것이 재미있어서일지도 모릅니다.

이렇게 어떤 원인이 추측이 되면 그에 대한 대책을 생각할 수 있습니다. 과제가 싫어서 회피한 것이라면 과제의 내용(난이도, 분량, 교재 등)을 다시 조절하거나 촉구의 종류나 방법, 강화제를 바꿔보는 등의 방법을 고려할 수 있습니다. 창문 밖에서 나는 소리나 풍경에 아이가 자주 정신이 팔린다면 책상을 벽 쪽으로 옮기고 시야가 미치는 곳에 아이가 관심 가질 만한 물건을 놓지 않기, 책상 주변에 칸막이 세우기 같은 대책이 효과가 있습니다.

또한 아이가 의자에 앉아있을 때마다 "잘 앉아있네" 하고 듬뿍 칭찬해주는 것이 중요합니다.

② 아이가 좋아하는 강화제를 못 찾겠어요. 우리 아이는 과자도 먹지 않고, 장난감에도 흥미가 없습니다. 신체 접촉에는 예민하게 반응하구요. 이런 아이의 강화제를 어떻게 찾을 수 있을까요?

A 아이가 평소에 무얼 하며 지냅니까? 예를 들어 거리의 전광판을 보느라 걷다가 멈추곤 한다면, 반짝반짝 빛이 나는 장난감을 좋아할지도 모릅니다. 도랑에 돌멩이를 던지는 행위를 끝없이 계속한다면, 공을 구멍 안으로 떨어트리는 장난감을 좋아할지도 모릅니다. 아이가 매일 하는 활동을 힌트 삼아 강화제가 될 가능성이 있는 아이템을 찾아보세요.

미처 생각하지 못한 물건에 아이가 관심을 보일지도 모릅니다. "우리 아이는 ○○엔 관심 없어"라고 단정해버리지 말고, 다양한 장난감과

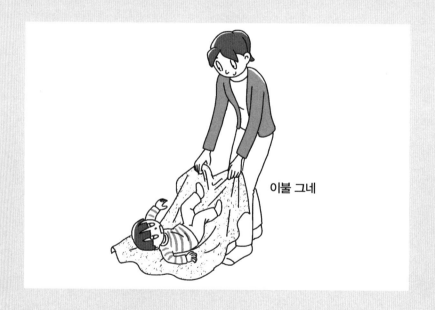

이불 그네

활동을 시험해보세요. 슬라임이나 빈백 같이 만졌을 때의 감촉이 재미있는 물건, 신체 접촉을 싫어하는 아이라도 즐길 수 있는 '이불 그네'나 '이불 김밥'과 같은 활동 등 강화제가 될 만한 가능성이 있는 물건이나 놀이들의 목록을 작성해봅시다.

강화제 후보가 생기면 그것을 직접 해보거나 장난감을 가지고 옆에서 놀아보거나 해봅니다. 단 한순간이라도 아이가 보고, 가까이하고, 만지고, 더 하고 싶어하는 것 같은 행동을 보이면 그 물건이나 활동은 강화제가 될 가능성이 있습니다.

강화제를 찾지 못하는 경우, 좋아하는 활동의 수와 종류를 늘리는 방법을 차분히 연구해봅시다. 좋아하는 활동이 많아지면 나중에 아이가 자라서 혼자 시간을 보낼 때 활용될 수 있습니다.

③ 과자를 강화제로 사용하고 있습니다. 슬슬 과자 이외의 강화제를 도입하고 싶은데, 전환하는 타이밍과 자연스럽게 이행할 수 있는 방법을 알려주세요.

A 정반응을 보이면 강화제로 과자를 주는 흐름 사이에 '토큰'을 끼워 넣는 것도 좋습니다. 토큰이라는 것은 바람직한 행동을 한 뒤에 주는 도장이나 스티커, 점수 등입니다. 정반응을 보인 후 바로 강화제를 주는 대신 토큰을 주고, 미리 정한 갯수의 토큰이 모이면 강화제와 교환하는 시스템을 만들어갑니다. 우리도 마트에서 쇼핑한 후 포인트를 쌓거나 스티커를 받을 때가 있죠. 이것과 같은 원리라고 생각하면 됩니다.

토큰 시스템은 다음과 같이 가르쳐주세요.

① 종이에 빈 칸을 1~3개 정도 그려서 포인트 카드를 만듭니다(다음 페이지 그림 참조).

② 과제를 시행합니다. 정반응을 보이면 촉구를 주면서 포인트 카드의 빈 칸에 스티커를 붙이도록 (혹은 도장을 찍도록) 도와줍니다. 처음에는 정반응을 보인 후 어른이 대신 해줘도 괜찮습니다.

③ 모든 빈 칸에 스티커를 붙이거나 도장을 찍으면 과자(강화제)와 교환합니다.

촉구를 차츰 줄이면서 이것을 반복하고, 포인트를 다 채우면 포인트 카드와 과자를 교환할 수 있다는 것을 아이에게 먼저 이해시킵니다. 처

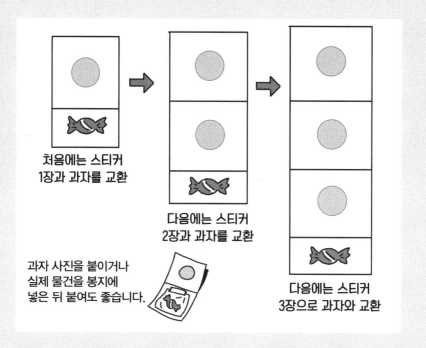

처음에는 스티커
1장과 과자를 교환

다음에는 스티커
2장과 과자를 교환

과자 사진을 붙이거나
실제 물건을 봉지에
넣은 뒤 붙여도 좋습니다.

다음에는 스티커
3장으로 과자와 교환

음에는 아이가 잘하는 과제, 이미 습득한 과제로 도전해서 바로 포인트를 쌓을 수 있도록 해줍니다.

과제에 대해 정반응을 보이면 포인트를 얻을 수 있고, 포인트가 다 모이면 과자와 교환할 수 있다는 일련의 흐름을 아이가 이해하면, 다음부터는 조금씩 포인트 수(빈칸 수)를 늘립니다. 아이의 동기부여를 유지시키기 위해서는 강화제를 직접 선택하게 하면 좋습니다. 과자뿐 아니라 '높이높이' 등의 신체 접촉, 장난감, 산책 등 여러 종류의 강화제 사진을 준비하고, 그중에서 원하는 물건이나 하고 싶은 활동을 선택하게 합니다.

토큰 시스템은 아이가 언제쯤 강화제가 주어질지 예측하며 노력하고 달성하는 것을 가르치는 역할을 합니다. 성장했을 때 필요한 자기통제력을 기르는 데에도 도움이 되므로 꼭 사용해주세요.

유아의 경우라면 과자와 같은 강화제에서 시작해 간지럼 태우기, 안아주기 등의 신체 접촉을 통한 강화제로 점차 이행하는 것을 추천합니다. 신체 접촉이 강화제가 되면 사람의 존재 그 자체를 아이가 좋아하게 됩니다. 여러 가지 신체 접촉 중 아이가 특히 좋아하는 신체 놀이를 찾아보세요. 처음에는 과자를 주면서 동시에 간지럼을 태우거나 안아주기를 하고, 서서히 과자를 주는 횟수를 줄이면서 신체 접촉만을 강화제로 줘봅시다.

④ 저희 아들은 기차를 좋아해서 강화제로 장난감 기차 모형을 사용하고 있습니다. 그런데 한번 장난감을 주면 절대로 놓으려고 하지 않습니다. 무리하게 가로채면 패닉 상태가 돼서 치료를 중단할 수밖에 없습니다. 어떻게 하면 좋을까요?

A 너무 집착이 강해서 패닉으로 이어질 정도의 물건은 강화제로 적합하지 않습니다. 그래도 기차 장난감을 강화제로 사용하고 싶다면 토큰 시스템을 도입해서 몇 점 모으면 기차 장난감을 주는 식으로 바꾸는 것도 하나의 방법입니다. 아니면 구슬 떨어트리기처럼 비교적 다시 과제로 전환하기 쉬운 장난감으로 강화제를 변경하는 방법도 있습니다.

쉬는 시간에서 다시 과제로 돌아가는 활동으로 전환이 잘 되지 않는 아이도 많습니다. 전환하는 그 자체가 과제가 되는 아이에게는 타이머나 알람을 이용해 쉬는 시간이 끝난다고 예고해주고, 서서히 스스로 타이머를 끄고 과제로 돌아올 수 있도록 가르칩니다.

5 ....
과자를 강화제로 사용하고 싶습니다. 좋은 제시 방법이 있으면 알려주세요.

A 과자를 강화제로 사용할 경우는 작게 자른 초콜릿, 쿠키 등 먹으면 입안에서 바로 없어지는 것을 사용합니다. 이때 주는 과자는 아주 작게 잘라서 준비합니다. 엠앤엠즈 초콜릿이라면 절반으로 자르고, 쿠키류의 과자는 크기에 따라 4등분이나 8등분까지 잘라주세요. 입안에 과자가 남아있으면 과제에 집중할 수 없게 되기 때문에 주의해야 합니다.

계속 같은 과자를 강화제로 사용하면 아이가 질려버려서 강화제로서의 효력이 약해집니다. 작은 밀폐용 그릇에 여러 종류의 과자를 작게 잘라 준비하고, 원하는 것을 선택할 수 있도록 준비합니다. 원하는 과자를 선택하게 하는 과정에서 손가락으로 가리키기(포인팅)나 말로 요구하기를 가르칠 수도 있습니다.

다만, 가능한 한 빨리 토큰 시스템으로 이행시켜서 아이가 과자 외에 놀이나 산책 등의 활동을 선택할 수 있게 하면 좋습니다.

6 과제를 몇 번 정확하게 수행하면 아이가 이해했다고 판단할 수 있나요? '과제를 클리어했다'고 판단하는 기준을 알려주세요.

A '클리어'의 판단 기준은 아이의 성향이나 과제에 따라 달라집니다. 이 책에서는 초기과제의 경우, 10번 시행 중 8번 정반응을 보이면 클리어라고 판단합니다. 이렇게 통상적으로는 10번 시행을 1세트로 하지만, 주의집중이 어려운 아이라면 5번 시행 중 4번 정반응을 3~4회 연속해서 할 수 있다면 클리어라고 봐도 되겠죠.

이렇게 클리어했다고 판단했더라도 2~3일 뒤에 다시 복습을 해보세요. 만약 그때 틀린다면 다시 학습해야 합니다. 가르치는 입장에서는 처음부터 다시 학습해야 한다니 실망스럽고 기운이 빠지겠지만, 몇 번이고 반복하는 과정을 통해 학습 내용이 보다 정착될 것입니다.

⑦ 아이가 집중력이 짧습니다. 시작하고 5분 정도는 제대로 반응하지만, 그 뒤부터는 몸을 꼬거나 손을 쳐다보는 등의 자기자극에 몰두하고, 지시에도 도통 반응을 하지 않습니다. 과제에 집중할 수 있게 하려면 어떻게 해야 좋을까요?

A 과제 중에 하는 자기자극은 그 행동이 강화되는 것뿐 아니라 과제로부터 회피하는 기능까지 가지고 있습니다. 따라서 아이가 자기자극에 몰두하기 시작하면 바로 제지하고, 적절한 지시와 촉구로 과제에 성공할 수 있게 이끌어주고 강화제도 제시해야 합니다. 그렇게 해서 아이의 집중력이 돌아오면 좋겠지만, 만약 다시 집중력이 떨어지면 아이에게 학습 상황이 매력적이지 않다고 판단해야 할 것입니다. 과제가 어려운 것은 아닌지 난이도를 다시 살펴보거나, 아이의 흥미를 끌 만한 내용으로 과제 내용 바꾸기, 강화제 재검토 등을 해보세요.

또 과제에 계속해서 집중하는 것이 어려운 아이도 있습니다. 이러한 경우에는 주의력이 지속되는 2~3분 동안 하나의 과제를 2세트 혹은 3세트로 나눠서 시행해도 좋습니다. 스몰스텝으로 과제에 집중하는 시간도 조금씩 늘려갑니다.

⑧ 과제는 하루에 어느 정도 하면 좋을까요? 또 '과제는 몇 분, 쉬는 시간은 몇 분'이 좋은지, 적절한 시간 분배에 대해 알려주세요.

A 해외 연구논문 중에 주 20시간, 또는 주 15시간의 치료가 효과적이라는 결과가 있습니다. 하지만 이것은 전문가가 지원할 경우의 시간입니다. 가정에서 보호자가 주체가 되어 치료한다면 아무리 짧은 시간이라도 좋으니 가능한 한 매일 꾸준히 하는 것을 목표로 합시다.

장시간 과제를 하더라도 아이나 보호자가 스트레스를 받거나 내용을 따라가지 못하면 학습 효과가 떨어지기 때문입니다. 치료와 가사, 또는 일을 양립하는 것이 보호자에게 큰 부담이 되지만, 그렇다 해서 도중에 그만두면 아무 소용이 없습니다. 또 부모가 아이를 자꾸 혼내면 아이는 공부하는 것 자체가 싫어집니다. 과제는 성공했을지라도 학습에 대한 흥미나 관심이 생기지 않고, 강제로 시키지 않으면 학습을 하지 않게 되는 위험도 나타납니다. 이런 점을 고려하면 '최적의 학습시간 = 부모와 아이가 즐겁게 할 수 있는 정도의 시간'이라고 할 수 있겠습니다.

과제와 쉬는 시간의 배분에 대해서는 아이의 상태를 봐가면서 집중력이 떨어지지 않는 범위에서 설정하면 됩니다. 예를 들어, 1~5분 동안 과제를 했으면 3~5분 정도의 휴식시간을 가지는 흐름을 몇 회 반복합니다. 그렇게 반복하면서 서서히 과제 시간을 늘려나갑니다. 1시간 동안 과제를 하면 20분 정도의 긴 쉬는 시간을 갖는 식의 방법입니다.

9 ···
방 한구석에 책상과 의자를 놓고 과제를 하고, 쉬는 시간에는 방의 반대편에 있는 장난감으로 자유롭게 놀 수 있게 합니다. 그런데 놀이에 몰두하면 다시 과제를 하자고 불러도 좀처럼 자리에 돌아오질 않습니다. 억지로 책상이 있는 곳으로 데리고 오면 떼를 쓰거나 울어버려서 어떻게 해야 할지 모르겠어요. 이럴 때 어떻게 하면 좋을까요?

A 과제를 시작하기 전에 오늘의 치료 스케줄을 먼저 보여주면 좋습니다. 과제나 교재의 사진 또는 그림을 붙여서 스케줄표를 만들고, 글자를 읽을 수 있는 아이라면 간단한 단어로 그날 예정된 스케줄을 표시합니다. 오늘 어떤 것을 어느 정도 하는지, 끝은 언제인지를 한눈에 볼 수 있게 표시해주거나 스스로 타이머를 설정하게 하면 아이가 과제의 양을 예상할 수 있고 불안감도 줄일 수 있습니다.

또한 쉬는 시간 뒤에 수월하게 과제에 몰입하게 하는 방법을 연구해봅시다. 만약 다음 과제가 퍼즐이라면 퍼즐 조각을 보여주거나 손으로 건네주면서 착석을 촉진합니다. 자리에 돌아가 앉으면 그것에 대해 칭찬해줍니다. 책상 위에 장난감을 올려놓고 관심을 유도한 후 착석하도록 할 수도 있습니다.

쉬는 시간에 놀던 장소에서 좀처럼 돌아오지 않는 경우는 보호자가 책상 바로 옆까지 안아서 데리고 오는 등 이동을 도와줍니다. 책상 옆에서 다시 착석을 유도하고 의자에 스스로 앉으면 칭찬해줍시다.

또한 아이가 떼를 써서 과제를 그만두게 되면 '울면 과제를 안 해도

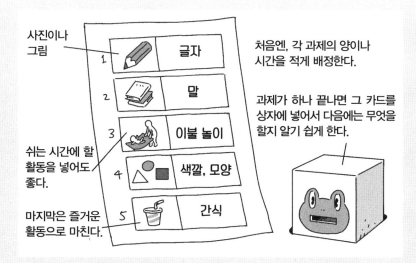

사진이나
그림

1 글자

2 말

3 이불 놀이

쉬는 시간에 할
활동을 넣어도
좋다.

4 색깔, 모양

마지막은 즐거운
활동으로 마친다.

5 간식

처음엔, 각 과제의 양이나
시간을 적게 배정한다.

과제가 하나 끝나면 그 카드를
상자에 넣어서 다음에는 무엇을
할지 알기 쉽게 한다.

되는구나'라고 아이가 생각하게 되어 떼쓰는 행동이 강화됩니다. 이럴
때 아이가 하기 쉬운 간단한 과제를 한 뒤 정반응을 하면 칭찬해주고 쉬
게 합시다.

울기, 떼쓰기와 같은 행동이 빈번하게 보인다면 과제의 난이도나 분
량을 재검토해야 합니다. 치료 내용과 계획을 점검해주세요.

⑩ 과제를 수행하는 도중 정반응을 보이다가 움직임이 멈추는 경우가 종종 있습니다. 이때 교재를 손으로 만지작거리기도 합니다. 그래도 잠시 기다리면 다시 정반응을 보입니다. 이런 경우에는 강화를 하는 게 맞나요?

A 일단 정반응을 보였기 때문에 칭찬해줘야 합니다. 그렇지만 아이의 집중력을 흐트러트리는 원인을 찾아 대책을 강구해야 합니다. 예를 들어 교재로 쓰는 카드의 코팅 커버를 만지작거리면, 이것은 교재인 카드 자체가 강화제 기능을 갖게 되는 경우이므로 카드를 다른 소재로 바꿔 봅니다. 교재가 흥미를 끌게 하는 것은 좋지만, 강화제로서의 기능이 강해지지 않도록 주의해야 합니다.

반대로 과제 수행 뒤 제시된 강화제가 아이에게 매력적이지 않은 경우에도 반응을 무디게 하는 원인이 될 수 있습니다. 이런 경우에는 강화제를 재검토해보는 것이 좋겠습니다.

또한 지나치게 교재로 노는 시간이 길다면 일단 제지하고 교재를 회수합니다. 그 뒤에 처음부터 다시 시행을 하고 촉구하여 정반응을 하도록 도와줍니다.

⑪ 컨디션이 좋을 때와 좋지 않을 때의 차이가 매우 큰 편입니다. 컨디션이 안 좋을 때는 거의 모든 지시에 반응을 하지 않습니다. 주의가 산만한 날은 무리하지 않는 편이 좋을까요? 아니면 할 수 있는 한 매일 같은 시간에 지속하는 것이 좋을까요?

A 아이의 긴장도가 너무 높아서 침착해지지 않는 경우에는 워밍업 느낌으로 아이가 힘들어하지 않을 정도의 손가락을 움직이는 작업을 먼저 하면 집중력을 되찾는 경우가 있습니다. 간단한 모양 끼우기, 구슬끼우기 등으로 시작해보면 좋겠습니다.

컨디션이 안 좋은 날은 지시하는 방법에 주의를 기울여주세요. 아이의 주의가 다른 곳에 가 있는데 지시하고 있지는 않습니까? "○○야, 시작할게~" 등과 같이 시작을 알리는 언어적인 촉구나 하이파이브 등을 사용해서 주의를 끈 뒤에, 과제에 관한 지시를 하는 것이 포인트입니다. 지시를 하기 전에 교재부터 꺼내면 아이가 교재 쪽으로 주의를 줘서 지시를 듣지 못하는 아이도 있습니다. 그럴 때는 지시를 한 뒤에 교재를 제시해주세요.

과제의 양을 그날 아이의 컨디션에 맞춰 사전에 조정하는 것이나 촉구의 양을 늘려서 아이가 정반응을 보이기 쉽도록 하는 것도 중요한 포인트입니다. 특히 수면부족이나 몸이 안 좋아서 주의가 산만한 경우는 무리하지 마시고 건강을 챙기는 것을 우선으로 해주세요.

(12) 과제를 시작하려고 하면 짜증을 내고 울기 시작합니다. 이런 상태에서 과제를 하는 것이 의미가 있을까요?

A 과제를 하는 목적은 배우는 즐거움과 함께 사람과 관계하는 것의 즐거움을 가르치기 위함입니다. 즐겁게 놀다가 과제로 이행해서 부모와 아이 모두 긍정적인 기분으로 학습하는 것이 무엇보다 중요합니다.

다시 말씀드리지만, 이런 경우에는 치료 내용을 재검토해주세요. 아이가 계속해서 과제를 실패하면 회피 행동이 생기기 마련입니다. 과제가 아이에게 너무 어려운 것은 아닌지 점검해봅시다. 어떤 특정 과제를 굉장히 싫어하면 그 과제는 당분간 중지하는 방법도 고려하세요.

짜증을 낸다고 과제를 하지 않으면 아이의 짜증이 강화됩니다. 따라서 아이가 짜증을 낼 때 과제를 중단하지 말고, 대신 아이가 간단히 수행할 수 있는 과제를 하도록 합니다. 촉구를 많이 줘도 괜찮으니 아이가 조금만 노력하면 정반응할 수 있는 과제로 시행합니다. 정반응을 보인 것에 크게 칭찬하고 그 다음은 아이의 상태를 살핍니다. 아이가 침착해지면 과제를 종료합니다.

13 •••

초등학교 1학년 딸이 학교에서 선생님 말씀을 안 듣고 멋대로 행동하는 일이 많다고 합니다. 집에서는 제가 엄하게 말하면 지시를 잘 따릅니다. 선생님께 "좀 더 엄하게 다뤄주세요"라고 부탁하는 것이 좋을까요?

A 무작정 "엄하게 대해주세요"라고 부탁하기 전에 먼저 아이가 왜 그렇게 행동하는지 원인을 생각해봅시다. 원인 중 하나로 '멋대로 하는 행동'에 대해 강화가 주어지고 있는지 검토해주세요. 이 경우 선생님의 관심이나 과제 회피 등이 아이에게 강화제가 됩니다.

다음으로, 가정에서의 치료나 일상생활에서 엄마가 어떤 식으로 말을 거는지도 다시 한번 생각해봅시다. '엄하게 말해야만 지시를 따른다'고 하는데, Step4의 칼럼(250페이지)에서 소개한 사례처럼 혐오제로 인해 아이가 과제를 하고 있을지도 모릅니다. 그런 경우라면 엄마가 하는 엄한 말은 무서워서 효과가 있지만, 다른 사람의 지시는 듣지 않는 상태에 빠지기 쉽습니다.

강제로 하는 학습을 통해서는 학습에 대한 흥미나 자발성을 기를 수 없습니다. 스스로 과제에 몰입하고, 남이 말하는 것에 귀를 기울여서 칭찬받고 관심을 얻는 경험을 통해 아이는 학습하는 재미를 알고, 더 배우고 싶은 욕구가 생깁니다.

앞으로는 '엄마가 엄하게 말해야만 듣는다'라는 패턴을 없애겠다고 유념하며 말하고 행동합시다. 엄마가 엄격한 말과 표정으로 주의를 주기 전에 아이가 바르게 행동하면 최대한 칭찬해서 자발적인 행동을 강화하도록 합니다.

　선생님께 부탁을 드릴 때는 "멋대로 하는 행동에는 과하게 반응하지 말고, 아이가 학습에 몰두하거나 지시를 따랐을 때 칭찬해주세요"라고 말씀드리는 것이 적절할 것 같습니다.

(14) 아들이 혼잣말을 많이 하고, 애니메이션의 대사나 광고에 나오는 문구를 혼자서 계속 중얼거립니다. 이상해서 그만하게 하고 싶은데 어떻게 해야 좋을까요?

A 딱히 할 것이 없는 심심한 상황에서 혼잣말을 한다면 그 시간을 적절히 보낼 수 있는 다른 방법을 가르쳐주세요. 예를 들어 지하철에 탔을 때라면 책을 읽거나 음악을 들으면 좋다고 가르치는 것이죠. 아이에게 여가시간에 할 수 있는 다양한 활동을 가르쳐주세요.

대화를 잘 하지 못하는 아이가 이런 행동을 보인다면 말이 늘고 다른 사람과의 상호작용이 가능해지면 차차 혼잣말이 줄어들기도 합니다.

그러나 어떤 방법을 써도 혼잣말이 줄지 않는 아이에게는 "밖에서는 안 돼. 방에 혼자 있을 때는 괜찮아"라는 식으로, 혼잣말을 해도 괜찮은 장소나 시간을 정해줘도 좋습니다. 혼잣말을 일절 하지 않는 것을 목표로 하는 것이 아니라 규칙을 가르쳐주기, 부적절한 상황에서는 말하지 않기를 목표로 해주세요.

아이의 혼잣말을 신경 쓰는 보호자들이 많은데, 다른 사람이나 스스로를 깨무는 문제행동과 비교하면 혼잣말은 시급하게 해결해야 하는 문제행동은 아닙니다. 치료하면서 다른 사람과 대화를 나누는 즐거움과 적절한 행동을 가르치는 것에 힘을 쏟읍시다.

⑮ ⋯⋯⋯⋯⋯⋯⋯⋯⋯⋯⋯⋯⋯⋯⋯⋯⋯⋯⋯⋯⋯⋯⋯⋯⋯⋯⋯⋯⋯⋯⋯
치료 덕분에 할 수 있는 말이 정말 많이 늘었습니다. 하지만 제가 질문을 하면 대답은 해주지만, 일상생활에서는 먼저 스스로 말하는 일이 거의 없습니다. 자발어를 늘리는 방법이 있으면 알려주세요.

A 생활하면서 마주치는 다양한 기회를 이용해 말의 기능, 즉 사용 방법을 가르칩니다. 요구의 기능을 가진 말이라면 아이가 원하는 물건을 손이 닿지 않는 장소에 두는 식으로 해서 말을 끌어낼 수 있습니다.

장난감 기차를 좋아하는 아이라면 눈에 보이지만 닿지는 않는 곳에 장난감을 놓고 아이가 "기차"라고 말하면 건네줍니다. Step2의 세 번째 프로그램인 '말로 요구를 표현하기'(137페이지)를 참고해주세요.

식사를 할 때 일부러 아이 것이 아닌 젓가락이나 식기를 내놓고 "이건 내 것이 아니에요", "바꿔주세요" 등의 말을 끌어내는 방법도 좋습니다. 아이가 분명하게 '이상하네', '좀 곤란하네'라고 생각할 만한 상황을 일부러 연출해서 아이가 포인팅이나 요청하는 말을 할 수 있도록 촉구해서 가르칩니다. 또 "아빠한테 '밥 다 됐어요'라고 말하고 와" 등의 전언을 부탁해 가족에게 스스로 말을 걸도록 촉진하는 것도 좋은 방법입니다.

요구 이외의 보고하기나 대화의 자발성을 끌어내기 위해서는 상대가 고개를 끄덕이는 행동이나 승인 같은 사회적인 반응이 강화제가 되어야 할 필요가 있습니다.

16 ··

과제를 할 때는 매칭하기, 포인팅하기 등을 곧잘 하는데, 일상생활에서는 조금도 성장한 것 같지 않습니다. 치료로 획득한 능력을 일상생활에 적용하려면 어떻게 해야 할까요?

A 학습 상황에서 획득한 스킬을 다른 장소나 다른 사람에게도 가능하게 하는 것(일반화)은, 반드시 습득해야 하는 매우 중요한 과제입니다. 일상생활에서는 매칭할 수 있는 요소가 매우 많습니다. 세탁물을 양말, 바지처럼 의류 종류별로 나누기, 설거지한 그릇을 종류별로 수납하기 같은 것은 매칭이 가능한 아이라면 충분히 가르칠 수 있습니다. 움직임이 다소 불안하더라도 아이가 집중해서 한다면 듬뿍 칭찬해서 성취감을 느낄 수 있게 해주세요. 갑자기 '심부름하기'로 발전시키는 것이 어렵더라도 학습 상황에서 의류를 분류할 수 있게 되면 의류의 종류를 조금씩 늘리거나, 아니면 다른 방에서 해보는 등 스몰스텝으로 심부름에 접근하면 좋겠습니다.

'물건 이름 말하기' 프로그램(129페이지)에도 있는 것처럼, 말의 이해가 진행된 아이라면 일상생활에서도 가족이 "가위 집어줘", "화장지 줘" 등을 요구하면 충분히 응할 수 있습니다. 사진이나 그림카드로 이름 말하기가 가능하면, 친구의 이름을 연습해두었다가 학교에서나 놀이 활동 중에 친구를 부르는 기회를 만들 수도 있지요. 이 부분은 이전 책인 《생활학습과제 46》에서도 다루고 있으니 참고해주세요.

ABA PROGRAM

제2장

★

의사소통
프로그램 Ⅰ

의사소통 초기과제

매칭하기, 동작 모방, 눈맞춤, 지시 따르기 등
무발화 아이도 할 수 있고
의사소통에 필요한 관찰력과 집중력을
키워주는 과제를 합니다.

의사소통의 기본
다지기

:

이제 실제로 아이를 가르쳐봅시다. 가장 먼저 아이가 학습하기 좋은 환경을 만들기 위해 의자에 앉아서 간단히 손을 움직여 할 수 있는 과제부터 시작합니다.

이때 하는 과제는 간단하고 성공하기 쉬운 것이어야 합니다. 그리고 아이가 성공하면 많이 칭찬해주세요. 처음부터 어려운 과제를 제시해서 실패하는 경험이 많아지면 아이가 학습을 싫어하게 되기 때문입니다.

잠시 의자에 앉아서 과제를 할 수 있게 되면 그때부터 의사소통 학습의 기초가 되는 과제부터 가르치기 시작합니다.

먼저 '매칭하기'입니다. 매칭하기는 같은 물건끼리 모으는 것을 말합니다. 처음에는 완전히 같은 물건, 예를 들어 그릇과 그릇끼리, 나무블록과 나무블록끼리 놓지만, 점점 실물과 사진, 또는 사진과 사진끼리 같이 놓는 것도 가르칩니다. 이 과제는 아직 말을 하지 않는 아이도 할 수 있고, 이 때부터 학습에 필요한 관찰력이나 집중력을 기르는 것이 가능합니다. 의사소통에서 빠질 수 없는 다양한 개념을 가르칠 때도 매칭하기는 매우 큰 도움이 됩니다.

다음으로 가르칠 것은 '동작 모방'입니다. 처음에는 손 올리기, 박수치기, 손 머리하기 등의 큰 동작을 따라 하는 것을 가르칩니다. 이것은 이 다음의 지시 따르기를 가르치는 단서가 됩니다. 또 동작 모방의 큰 동작들이 잘 되면 서서히 입 벌리기, 혀 내밀기, 눈 감기, 손가락으로 가리키기와 같은 작은 동작의 모방으로 넘어갑니다. 이것은 나중에 말을 끌어내는 단서로서 음성 모방을 가르칠 때 도움이 됩니다.

그리고 그 다음인 '지시 따르기'부터 드디어 말에 의한 의사소통의 학습이 본격적으로 시작됩니다. 지시 따르기는 어른의 간단한 지시를 이해하고, 그에 맞는 행동을 하는 것입니다. 초반에는 동작 모방으로 배운 손 올리기, 박수치기, 손 머리하기 등의 간단한 동작을 언어적인 지시만으로도 할 수 있도록 가르칩니다. 즉, "네"라고 말하면 손을 들고, "짝짝짝"이라고 하면 박수를 칠 수 있도록 하는 것입니다.

가능하게 되면 "이리와", "가지고 와", "손을 씻어요", "정리해요" 등과 같이 일상생활에서 도움이 되는 지시를 조금씩 연결해갑니다.

이미 말을 이해하는 아이에게는 이런 초기과제가 쓸데없다고 여겨질지 모르겠습니다. 하지만 여러 가지를 할 수 있다고 생각되어도 실제로 해보면 의외로 안 되는 것이 있을 수 있습니다. 확인하는 의미에서 반드시 초기과제를 먼저 진행해보세요.

이외에도 이 시기에 진행해야 할 과제인 포인팅에 의한 요구표현, 눈 맞춤, 놀이상황에서의 의사소통을 다뤘습니다. 이 과제들은 책상에서 하는 과제의 단조로움을 완화시키기는 역할도 합니다. 책상에서의 학습과 책상을 벗어난 공간에서의 학습, 일상생활에서의 학습의 균형을 잘 잡도록 해주세요.

과제 도입

> **· 목표**
> '나무블록을 접시에 넣는다'와 같은 간단한 과제를 하면서 의자에
> 앉아서 하는 학습에 서서히 익숙해집니다. 아이가 과제에 저항하지
> 않고 놀이를 하는 듯한 느낌으로 즐겁게 할 수 있도록 신중하게 진행
> 합니다.

프로그램 과제 도입

(1) 나무블록을 '넣기'

작은 나무블록을 접시에 넣는 과제입니다.

한 변이 2센티미터 정도 되는 작은 정육면체의 나무블록 5~6개와 플
라스틱이나 나무로 된 접시를 하나 준비합니다. 적당한 나무블록이 없
으면 플라스틱으로 된 블록도 괜찮습니다.

책상과 의자를 준비하는데, 아직은 무리하게 의자에 앉힐 필요는 없
습니다. 억지로 앉히려고 하면 의자를 경계하게 돼 절대로 앉지 않으려
고 하는 경우도 있습니다. 처음에는 자유롭게 방안을 돌아다니게 해주
세요.

가르치는 방법은 먼저 강화제를 '그냥 먼저' 줘봅니다. 아이를 안아주거나, 높이높이를 하거나, 아니면 비눗방울을 불어주거나 합니다.

그렇게 하면 아이는 강화제를 받는 것이 기뻐서 어른이 있는 쪽으로 다가가게 되겠죠. 그때가 과제를 시작할 기회입니다. 강화제를 주기 전에 나무블록 하나를 손에 쥐어줍니다. 이어서 "넣어"라고 지시하고 접시를 아이의 손 밑에 둡니다. 촉구를 통해 아이가 손을 펴게 하고, 나무블록을 데구르르 접시 안에 넣게 합니다. 나무블록을 넣으면 "잘했어!" 같은 말로 과장되게 칭찬해주고 바로 강화제를 줍니다.

이것을 몇 번이고 반복하면서 서서히 촉구(도움주기)를 줄여갑니다. 예를 들어 나무블록을 들게 한 뒤 중간까지는 손을 잡아주지만, 그 다음에는 손을 놓고 스스로 접시에 넣게 합니다. 손을 잡아주는 시간을 조금씩 짧게 하고, 촉구 없이도 아이가 스스로 나무블록을 접시에 넣을 수 있을 때까지 연습을 계속합니다.

넣어.

접시가 나무블록으로 가득하면 보상으로 안아주기나 이불그네 등 아이가 기뻐하는 놀이를 해주는 것도 좋습니다. 접시에 나무블록이 가득 찰 때까지를 1세트로 하고 여러 번 반복합니다.

(2) 나무블록을 '주기'

나무블록을 접시에 넣는 과제를 잘할 수 있게 되면 다음은 접시 대신에 어른이 손을 내밀고 "줘"라고 말하고, 가지고 있는 나무블록을 어른의 손에 올릴 수 있도록 합니다.

먼저 아이에게 나무블록을 들게 합니다. "줘"라고 지시하면서 양손을 접시처럼 모아서 내밉니다. 아이가 손에 나무블록을 놓으면 칭찬하며 강화합니다.

나무블록뿐 아니라 다양한 물건을 아이에게 주고 "줘"라는 지시로 그것을 어른의 손에 놓을 수 있도록 해줍니다. 이때 아이가 좋아하는 물건은 되도록 피해주세요. 아이가 좋아하는 물건을 다른 사람에게 주는 것은 그 아이의 욕구나 감정조절이 요구되기 때문입니다.

또 손에 쥐게 한 물건뿐 아니라 책상이나 바닥에 놓여있는 물건도 어른이 "줘"라고 지시하며 손을 내밀면 그것을 스스로 들어서 어른의 손에 올릴 수 있도록 합니다. 이것도 처음에는 촉구를 해주고, 서서히 촉구를 줄여갑니다.

(3) 의자로 유도하기

이런 과제들을 하면서 적당한 때를 보며 의자에 앉게 해봅니다.

예를 들어, 보상이 좋아서 자발적으로 접시에 나무블록을 넣게 됐을 때 의자를 가리키며 앉도록 촉진시킵니다. 잘 앉지 못한다면 가볍게 몸을 눌러주며 촉구해줍니다. 아이가 싫어하거나 앉기를 거부하면 무리하지 않도록 합니다.

아이가 순조롭게 의자에 앉으면, 나무블록을 주면서 접시에 넣게 하고 보상을 해줍니다. 이 단계에서는 아직 아이가 일어서려고 해도 제지하지 말고 바로 일어서게 해주세요. 당분간 자유롭게 움직이게 하고 다시 타이밍을 봐가며 의자에 앉도록 유도합니다.

이것을 반복하면서 서서히 의자에 대한 거부감을 없애고, 역으로 '의자에 앉아서 무언가를 하면 좋은 게 생긴다'라는 체험을 쌓게 해줍니다.

이 단계에서는 아직 책상을 사용하지 않습니다. 아이를 의자에 앉게 하고 직접 마주봅니다.

(4) 간단한 수작업 과제

'넣기' 과제를 발전시켜서 손을 사용한 간단한 과제를 해봅니다. 예를 들어 금속제의 긴 사각판(홍차캔의 뚜껑 등)에 매직으로 작은 원을 몇 개 그리고, 거기에 동그란 자석을 붙이게 합니다.

또는 간단한 모양 끼우기도 좋습니다. 목제로 된 장난감 중에 동그라미나 사각의 구멍이 있어서 거기에 맞는 모양을 끼워 넣는 장난감을 이용합니다. 삼각이나 사다리꼴 등은 어려우니 처음에는 동그라미나 정사각형 모양만 끼우게 합니다.

이밖에도 모양 맞추기 상자(shape sorter, 다양한 모양의 구멍이 있는 상자에 같은 모양의 블록을 넣는 것), 쿠겔반(위에 있는 구멍에 구슬을 넣으면 사선으로 왔다갔다 굴러서 아래까지 떨어지는 장난감) 등의 과제가 적합합니다.

이 과제들을 진행할 때는 책상이 있는 것이 좋겠죠. 의자 앞에 책상을 두고 아이를 의자에 앉게 합니다. 퍼즐을 할 때는 퍼즐조각을 한 개씩 주고 알맞은 곳에 맞추게 합니다.

이 단계에서는 아이를 자유롭게 일어서게 하지 않습니다. 일어서려고 하면 가볍게 제지하고, 퍼즐조각을 한 개 더 주면서 그것을 촉구하며 맞추게 하세요. 맞추면 그것에 대해 칭찬해주며 일어서게 합니다. 과제가 언제 끝날지 알 수 없으면 아이들은 불안해합니다. 책상 한쪽에 퍼즐조각을 몇 개 올려놓고 '이걸 다 맞추면 일어난다'라고 가리키며 서서히 의자에 앉아서 과제하는 시간을 늘려 가세요. 하지만 당분간은 1분에서 길어도 5분에 한 번은 일어서서 쉬는 시간을 갖게 해주세요.

자석보드

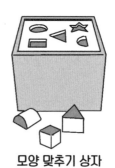

모양 맞추기 상자

02

매칭하기

- **목표**

그릇과 그릇, 나무블록과 나무블록 등 같은 물건끼리 놓는 과제입니다. 처음에는 완전히 같은 물건끼리 같이 놓지만(동일 매칭), 서서히 조금씩 차이가 있는 물건이어도 공통점에 착안해서 비슷한 물건끼리 놓을 수 있게 합니다(비슷한 물건 매칭). 물건을 주의 깊게 관찰하고, 공통점이나 차이점을 찾는 힘을 기르는 과제입니다.

프로그램 **매칭하기**

---

(1) 동일 매칭

완전히 같은 물건을 두 개씩 준비합니다. 그릇과 그릇, 나무블록과 나무블록, 컵받침과 컵받침 등입니다. 또 교재를 올려놓을 길이 12센티미터의 정사각형 모양의 두꺼운 종이를 2~4장 준비합니다.

이제부터 설명하는 순서는 '랜덤 로테이션'이라고 해서 매칭뿐 아니라 동작 모방이나 음성지시, 물건의 이름 말하기 등 복수의 지시나 교재를 구별시키는 모든 과제에 공통으로 들어가는 중요한 것입니다. 잘 읽고 되도록 그대로 실행해보세요.

① 책상을 사이에 두고 아이와 마주 앉습니다. 책상 가운데(아이와 어른 각자에게 약 20센티미터 정도 떨어진 곳) 두꺼운 종이를 두 장 놓습니다. 한 장 위에는 그릇을, 나머지 한 장 위에는 나무블록을 놓습니다.

아이에게 그릇을 주고 "같은 것끼리 놔"라고 말합니다. 아이의 손을 잡아 옮겨 책상 위에 있는 그릇과 손에 든 그릇을 겹치게 놓습니다. 그릇을 겹치면 칭찬으로 강화해줍니다. 다음 시행부터 서서히 촉구를 줄여갑니다. 처음에는 그릇을 겹치게 놓을 때까지 손을 잡아주지만, 점점 도중에 손을 놓는 식으로 말입니다. 때때로 그릇과 나무블록의 좌우 위치를 바꿉니다.

② 촉구를 줄여가다 보면 아이에게 그릇을 넘겼을 때 떨어트리거나, 가지고 놀거나, 책상 위에 있는 그릇 위에 놓지 않으려고 하는 경우가 많습니다. 그럴 때는 당황하지 말고 3초 정도 기다렸다가 일단 아이가 가지고 있는 그릇을 다시 가져옵니다. 약간의 시간 간격을 주고, 다시

두 교재의 사이(가운데)로
교재를 제시합니다.

같은 것끼리
놔.

다리를 앞으로 뻗어
아이의 의자를
다리 사이에 끼웁니다.

그릇을 넘겨주며 "같은 것끼리 놔"라고 말합니다. 이번에는 촉구를 제대로 해주면서 확실하게 성공시킵니다. 그때부터 다시 조금씩 촉구를 줄여나갑니다. 촉구가 없어도 그릇을 겹치게 할 수 있으면 다음으로 넘어갑니다.

③ 이번에는 나무블록을 주고, 책상 위에 있는 나무블록 위에 놓게 합니다. 처음에는 손을 잡고 촉구를 해줍니다. 점점 촉구를 줄여가고 최종적으로는 촉구를 없앱니다. 아이가 실패했을 때의 대응은 ②와 같습니다.

④ 다시 한 번, 그릇으로 돌아가서 처음에는 촉구를 주고 그릇끼리 겹치게 놓도록 합니다. 촉구를 줄여서 촉구 없이도 그릇끼리 겹쳐 놓을 수 있게 되면, 다시 나무블록으로 시행합니다. 이렇게 시행할 때 몇 번씩 그릇과 나무블록을 번갈아 하고, 랜덤 로테이션으로 이행합니다.

⑤ '랜덤 로테이션'이라는 것은, 두 개 이상의 교재나 지시를 불규칙 (랜덤)한 순서로 제시하는 것입니다. 여기서는 그릇, 나무블록, 나무블록, 그릇, 나무블록, 그릇, 그릇, 그릇, 나무블록…과 같은 식으로 순서를 제각기 다르게 교재를 제시합니다. 그릇, 나무블록, 그릇, 나무블록…처럼 번갈아가면서 하게 하면 아이는 그 패턴을 읽어버리고, 기계적으로 번갈아가면서 놓게 되어버리기 때문입니다.

랜덤 로테이션 도중에 아이가 실패하면, 잠시 동안 같은 물건을 제시하고 처음에는 촉구로 도와줍니다. 촉구 없이도 그 물건을 같은 것끼리 놓을 수 있게 되면 다시 랜덤 로테이션을 재개합니다. 5~6번 시행했을 때 연속으로 잘하면 좌우의 위치를 바꿔보고, 정확하게 같은 것끼리 놓는지 확인해주세요.

이렇게 랜덤으로 10번 시행해서 그중 8번 이상 정반응을 보이면, 처음 두 개의 교재를 구별하는 것이 가능하다고 판단해도 좋겠습니다. 이 기준을 달성할 때까지, 참을성 있게 계속 연습해주세요. 그리고 3~5분에 한 번은 자리에서 일어나 휴식을 취할 수 있게 해주세요.

처음 두 개의 교재로 랜덤 로테이션을 성공하면 다른 교재로도 같은 것끼리 놓을 수 있도록 합니다. 처음에는 그릇과 나무블록처럼 겹치게 놓을 수 있는 것으로 사용하지만, 서서히 같은 자동차 모형이나 같은 색의 색연필처럼 겹치게 놓을 수 없는 물건도 사용합니다. 겹치게 놓을 수 없는 물건은 같은 종이 위에 올릴 수 있게 합니다.

(2) 비슷한 물건 매칭

완전히 똑같은 물건끼리 매칭할 수 있게 되면, 다음은 약간의 차이가 있는 물건이어도 공통점에 착안해서 같은 것끼리 놓을 수 있도록 합니다. 예를 들어 같은 숟가락이어도 다양한 색이나 형태, 크기의 물건이 있습니다. 여러 가지 물건을 늘어놓고 그중에서 같은 숟가락끼리 놓을 수 있도록 연습합니다.

처음에는 되도록 차이가 적은 교재로 찾아서 연습하고 서서히 차이가 큰 물건이어도 같은 것끼리 놓을 수 있도록 합니다.

(3) 3D-2D 매칭

실물끼리 매칭할 수 있게 되면, 이번에는 실물(3D)과 실물의 사진이나 그림(2D)을 매칭하는 연습을 합시다.

처음에는 실물 매칭에 사용하는 교재(실물)를 사진으로 찍어서 그 사진을 두꺼운 종이에 붙여 카드로 만듭니다. 사진의 크기는 가능한 한 실물과 같은 크기로 합니다. 배경도 방해가 되기 때문에 사진에서 배경을 제외하고 물건의 모양대로 오려서 두꺼운 종이에 붙이면 더 좋겠습니다.

잘할 수 있게 되면, 실물의 물건 사진이 아니라 컵 실물과 컵 사진이나 그림을 같은 것으로 놓을 수 있는 연습을 합니다.

(4) 2D 매칭

그림이나 사진카드끼리의 매칭도 연습합니다. 처음에는 완전히 같은 두 장의 사진이나 그림끼리 매칭할 수 있게 하고, 점점 차이가 있는 그림이나 사진끼리도 매칭할 수 있도록 합니다.

(5) "이거 줘" (역매칭)

지금까지 책상 위에 몇 가지의 물건을 놓고, 그중 하나와 같은 것을 주고 해당하는 물건의 위나 옆에 놓는 과제를 했습니다. 이번에는 책상

에 놓여있는 물건 중에 하나를 보여주고 "이거 줘"라고 말하고 손을 내
밉니다. 아이는 어른이 보여준 물건과 같은 물건을 찾아줍니다. 물론 처
음에는 촉구해주세요. 이 과제를 잘할 수 있게 되면 아이가 물건의 이름
을 몰라도 어른의 의도를 파악하는 것이 가능해집니다.

03

동작 모방

> **· 목표**
> 타인의 동작을 보고 따라 하는 것을 가르칩니다. 처음에는 사물을 이용한 동작 모방, 다음으로는 큰 동작 모방, 그리고 세밀한 동작 모방이나 입모양 모방으로 진행합니다. 매칭과 마찬가지로 다양한 학습의 기초가 되는 중요한 과제입니다.

프로그램 **동작 모방**

(1) 사물을 이용한 동작 모방

탬버린 치기, 그릇에 나무블록 넣기 등 물건을 사용한 간단한 동작 모방을 가르칩니다. 물건을 사용하기 때문에 어른의 동작을 보다 잘 이해할 수 있습니다.

① 책상 위에 탬버린을 한 개 놓습니다. 어른이 "해봐"라고 말하면서 책상에 있는 탬버린을 칩니다. 곧바로 아이의 손을 잡고 같은 방법으로 탬버린을 치게 한 뒤 강화합니다. 서서히 촉구를 없애갑니다.

② 다음으로는 탬버린을 정리하고, 책상 위에 그릇을 한 개, 작은 나무블록을 두 개 놓습니다. "해봐"라고 말하면서 어른이 나무블록을 한 개

들고 그릇에 넣습니다. 곧바로 아이의 손을 잡고 나머지 나무블록 하나를 그릇에 넣게 합니다. 성공시키고 강화해주면서 서서히 촉구를 없앱니다.

처음 두 동작을 정확히 구별할 수 있게 되면 세 번째, 네 번째의 동작을 도입합니다. 예를 들어 다음과 같은 동작을 가르칩니다.

- 컵으로 마시는 흉내
- 휴대폰을 귀에 대고 전화하는 흉내
- 마라카스 흔들기
- 칫솔로 양치하는 흉내
- 수건으로 책상을 닦는 흉내

처음에는 하나의 물건을 가지고 한 개의 동작만 가르치지만, 잘할 수 있게 되면 하나의 물건으로도 여러 동작을 따라 할 수 있게 해주세요. 컵에 대해서도, 마시는 동작만이 아닌 컵 치기, 컵 흔들기, 컵 들기, 컵 뒤집기 등의 동작을 보여주고 그것을 본대로 따라 할 수 있게 합니다.

오른손으로 나무블럭을 넣으면서 왼손으로는 아이의 오른손을 잡고 촉구해줍니다.

이렇게!

(2) 큰 동작 모방

만세하기, 박수치기, 손 머리하기 등의 간단한 몸동작을 모방하게 합니다. 사물을 이용한 동작 모방이 몇 가지 가능하게 되면, 그것과 병행해서 큰 동작을 모방하는 것을 가르치기 시작합니다.

① 아이와 마주보고 앉습니다. 시범이 잘 보이도록 책상을 빼고 마주 앉습니다. 먼저 손 들기를 가르칩니다. 아이의 주의를 끈 뒤에, "해봐"라고 말하고 어른이 왼손을 듭니다. 거의 동시에 아이가 오른손을 들 수 있도록 어른이 촉구하며 잡아줍니다. 손이 올라가면 과장되게 칭찬해주고 강화해줍니다.

② 이것을 반복하면서 서서히 촉구를 줄여나갑니다. 예를 들어 아이의 손을 잡으면서 촉구하던 것을 팔꿈치를 잡고 가볍게 올리는 것입니다. 다음에는 팔꿈치를 손가락으로 툭 올려주듯이 합니다. 이렇게 촉구를 줄여가다가 마지막에는 촉구를 없앱니다.

① 아이의 손목을 잡고 들어올립니다.　② 아이의 팔꿈치 아래에 손을 대고 살짝 올립니다.　③ 촉구를 없앱니다.

③ 두 번째 동작으로 박수치기를 가르칩니다. 어른이 "해봐"라고 말하고 손을 치면서 보여줍니다. 즉시 아이의 양손을 잡고 2~3번 박수치게 하고 강화해줍니다. 서서히 촉구를 줄여나갑니다.

④ 거수와 박수의 랜덤 로테이션을 시행합니다. 예를 들어 거수, 박수, 박수, 거수, 박수, 거수, 거수, 거수, 박수…처럼 규칙 없이 두 개의 동작을 시행하고, 그대로 모방할 수 있을 때까지 연습합니다. 이것은 아이가 하는 동작이 단순히 같은 동작을 패턴에 맞게 반복하는 것이 아닌, 어른의 동작에 주목해서 그것을 힌트로 움직이게 하기 위함입니다.

⑤ 처음 두 개의 동작을 랜덤으로 구별할 수 있게 되면 세 번째, 네 번째의 동작을 추가로 도입합니다. 아이가 어른의 동작을 구별하기 쉽도록 하기 위해, 처음 두 개의 동작과는 차이가 큰 동작을 고릅니다. 예를 들어 다음과 같은 동작을 가르쳐주세요.

손 머리하기, 바이바이(손 흔들기), 인사하기, 배 통통 치기, 한 발 들기, 입 만지기, 뺨 만지기, 코 만지기, 발 콩콩, 만세, 싫어싫어, 아자아자, 아잉~, 코~자기(양손을 맞대고 뺨으로), 머리-어깨-무릎 만지기, 일어서기, (서 있는 상태에서) 점프하기, 빙글빙글 돌기, 엉덩이 만지기, 앉기 등

(3) 세밀한 동작 모방

큰 동작 모방이 가능하게 되면 서서히 세세한 동작의 모방으로 이행합니다. 입의 움직임이나 손가락의 움직임 등입니다.

- **입모양 모방**

입 열기, 혀 내밀기, 이~하기, 입을 뻐끔뻐끔하기, 입 오므리기, 볼 부풀리기, 치아를 딱딱 부딪치기, 손가락으로 혀 만지기 등

- **손가락의 움직임 모방**

가위바위보, 검지 세우기, 엄지 세우기, 새끼손가락 세우기, 총 모양 흉내 내기, OK 사인 등

손가락의 움직임을 모방하게 할 때는 마주보며 하기보다는 아이의 옆에서 손을 같은 방향으로 보여줍니다. 그리고 아이의 손을 잡고 촉구합니다.

(4) 지연 모방

타인의 동작을 동시에 모방하는 것이 아니라, 조금 시간을 두고 모방하는 연습입니다. 주위 사람의 행동을 보고, 자신의 차례가 됐을 때 어떻게 행동하면 좋을지를 배우는 '관찰학습'의 기초가 됩니다.

예를 들어 조금 떨어진 장소에 책상을 놓고 그곳에 컵이나 탬버린, 휴대폰 등을 놓습니다. 어른이 책상 쪽으로 가서 여러 물건 중 하나를 집어서 그 물건을 사용하는 동작을 합니다. 그 다음에 아이가 일어서서 책상이 있는 곳으로 가서 어른이 했던 동작과 같은 동작을 하는 것입니다.

말로 하는 지시 따르기

• **목표**

"네", "짝짝짝" 등 말로 하는 간단한 지시를 이해하는 것을 가르칩니다. 말에 의한 의사소통의 학습으로의 출발점입니다. 큰 동작 모방을 6~8개 정도 할 수 있게 되면, 지시 따르기 연습을 시작해도 좋습니다. 단지 아이에 따라 이미 몇 가지의 지시에는 대응할 수 있는 아이도 있습니다. 그런 아이의 경우에는 동작 모방과 병행해서 지도해도 상관없습니다.

프로그램 말로 하는 지시 따르기

(1) 큰 동작 지시

'큰 동작 모방'으로 모방할 수 있게 된 동작을 이번에는 언어적인 지시만으로도 할 수 있도록 합니다. 먼저 "네"와 "짝짝짝"으로 연습해봅시다.

① "네"의 연습을 합니다. 어른이 "네"라고 말하면서 왼손을 듭니다. 아이가 따라 하면서 오른손을 올리면 칭찬해주고 강화합니다. 따라 하지 않으면 다음 시행에서는 아이의 손을 들어줍니다.

② 다음 시행부터는 서서히 힌트가 되는 어른의 동작을 줄이고 "네"라는 말만 하고, 손을 어렴풋하게 조금만 듭니다. 또는 아이의 팔꿈치를 조금 누르기만 합니다.

③ "짝짝짝"의 연습을 합니다. 어른이 "짝짝짝"이라고 말하면서 손뼉을 칩니다. 아이가 똑같이 손뼉을 치면 강화하고 따라 하지 못하면 아이의 손을 잡고 손뼉치게 하고 서서히 촉구를 줄여갑니다.

④ "네"와 "짝짝짝"을 랜덤 로테이션으로 시행합니다. 처음에는 촉구하면서 "네"만 여러 번 시행합니다. 촉구 없이 1~2번 시행할 수 있게 되면 "짝짝짝"으로 이행합니다. 이때도 처음에는 촉구합니다.

이렇게 한 가지를 3~4번씩 번갈아가면서 시행하는 것을 계속 연습하고 랜덤 로테이션을 시행합니다. "네", "짝짝짝", "네", "네", "짝짝짝", "네", "짝짝짝", "짝짝짝", "짝짝짝"…과 같은 방식으로 무작위로 지시합니다. 도중에 실패하면 당분간 실패한 과제만 촉구하면서 연습하고 다시 랜덤 로테이션으로 돌아갑니다. 10번 시행 중 8번 이상 정반응을 보일 때까지 계속합니다.

⑤ 처음 두 개의 말에 의한 지시가 구별 가능해지면 세 번째, 네 번째 서서히 지시를 늘려갑니다. 새로운 지시를 가르칠 때는, 먼저 그 지시만을 촉구 없이 할 수 있을 때까지 연습합니다. 그 다음에 이미 습득한 지시 중 하나와 랜덤 로테이션을 시행합니다. 이것이 가능해지면 다른 지시와도 랜덤 로테이션을 시행하고, 마지막으로 지금까지 한 모든 지시와 새로운 지시를 적당히 순서를 섞어서 연습합니다.

초반에 꼭 가르쳐야 할 지시의 예를 들겠습니다. 거의 대부분 큰 동작 모방으로 가르친 것과 같은 것입니다.

손 머리, 바이바이(손 흔들기), 안녕하세요(머리 숙이기), 배·입·코·뺨·어깨·귀·무릎·엉덩이(만지기), 발 콩콩, 만세, 싫어 싫어, 아잉~, 아자아자, 코~자기(양손을 맞대고 뺨으로), 일어서기, 점프하기, 돌기, 앉기 등

이외에도 일상생활에 도움이 될 만한 지시를 중심으로 가르쳐주세요.

(2) 물건에 관한 지시

큰 동작에 관한 지시를 15~20개 정도 구별할 수 있게 되면 그것과 병행해서 물건에 관한 지시를 가르치기 시작합니다.

먼저 한 가지 물건에 관해서 여러 가지 지시를 구별하는 것을 가르칩니다. 예를 들어서 나무블록을 한 개 책상 위에 올려놓고, "쳐봐"라고 말하면 나무블록을 치고, "흔들어"라고 말하면 나무블록을 들고 흔드는 것이 가능하게 합니다.

① 나무블록을 두 개 준비하고 한 개는 아이 앞에, 다른 한 개는 어른 앞에 둡니다. 어른이 "쳐봐"라고 말하면서 나무블록을 두세 번 칩니다. 아이에게 아이의 나무블록을 똑같이 치게 합니다. 처음에는 촉구를 주고, 서서히 촉구를 줄여갑니다.

② 다음으로는 어른이 "흔들어"라고 말하면서 나무블록을 잡고 흔드는 시범을 보여줍니다. 아이에게 아이의 나무블록을 잡게 하고 똑같이 흔들게 합니다.

③ "쳐봐"와 "흔들어"의 랜덤 로테이션을 시행합니다.

나무블록에 관해서는 다음과 같은 지시도 가르쳐주세요.

냠냠, 던져, 줘, 숨겨(등 뒤나 옷 속에 숨기기), 만져, 잡아, 쓰담쓰담 등

"줘"를 가르칠 때 처음에는 손을 내밀어 촉구를 주지만, 점점 손을 내밀지 않도록 합니다. 손을 내놓은 상태면 그것이 시각적인 힌트가 돼서 말의 차이를 알아차리지 못하기 때문입니다. 손을 내밀지 않아도 "줘"의 지시를 듣고 아이가 어른 쪽으로 그 물건을 들고 주려고 하면 정반응입니다.

처음의 4~5종류의 지시를 구별할 수 있게 되면 컵이나 딸기 모형 등 다른 물건으로도 같은 지시를 구별할 수 있는지 확인해주세요. 물건을 바꿀 때는 그 물건에 대해 전형적인 동작을 추가하고 어울리지 않는 동작을 뺍니다. 예를 들어, 부채라면 '파닥파닥'을 추가하는 한편 '냠냠'을 빼는 것입니다.

(3) 치료 중 거부나 이탈행동에 대한 대처

아이를 가르치고 있으면 생각지도 못하는 문제가 다양하게 일어납니다. 지도자에게는 '곤란한 행동'이지만, 아이가 그러한 행동을 하는 데는 분명 뭔가 이유가 있을 것입니다. 감정이 앞서 혼내거나 할 것이 아니라 과제나 절차를 한 번 더 검토해주세요.

예를 들어 카드나 모형 같은 교재로 과제수행은 하지 않고 놀려고만 하는 아이가 있습니다. 그때는 바로 제지하고 일단 교재를 회수합니다.

조금 시간을 두고 다시 한 번 교재를 책상에 올려놓고, 같은 지시를 하고 바로 촉구로 정반응을 하게 합니다. 성공했을 때 받는 보상보다 교재가 더 강화력이 높다는 것도 생각해볼 수 있습니다. 그럴 때는 카드의 종류나 아이템을 바꾸는 등 교재를 다시 검토해봅니다.

교재를 던져버리는 아이도 있습니다. 그럴 때는 바로 주우러 가지 말고, 어쨌든 다른 교재를 사용해서라도 과제를 이어나갑니다. 주우러 가버리면 아이는 그것을 재미있어하므로 던지는 행동이 강화되기 때문입니다. 몇 번이고 과제를 성공하게 하고, 그 보상으로 아이를 일어서게 하고 천천히 주우러 가게 합시다.

과제는 뒷전으로 하고 손을 팔랑팔랑거리거나 몸을 꼬는 등의 자기자극에 빠지는 아이도 있습니다. 이러한 자기자극은 가볍게 제지하고 다시 지시를 하고, 촉구해서 성공하게 하고 강화합니다.

과제를 거부하거나 방으로 들어오려고 하지 않는다거나 의자에 앉지 않으려고 하는 아이도 있습니다. 그럴 때는 먼저 가르치는 방법을 재검토해주세요. 강화제가 단조로운 것은 아닙니까? 촉구가 부족해서 실패의 경험을 여러 번 하는 것은 아닙니까? 방에 들어왔을 때 갑자기 과제를 시작하려고 하지 말고 조금은 즐겁게 놀 수 있도록 하면 방으로 들어오는 것을 싫어하지 않게 됩니다. 책상에 아이가 좋아하는 장난감을 올려두면 순조롭게 앉기도 합니다.

치료 중에 짜증을 내거나 공격행동이나 자해행동을 하는 아이도 있습니다. 이런 경우에도 기본적으로 과제가 아이에게 맞는지 재검토해주셔야 합니다. 또 혼내거나 과도하게 관심을 주거나 바로 일으키는 것(휴식을 주는 것)이 아니라 촉구를 통해 과제를 한 번이라도 성공하게 하고, 그에 대한 보상으로 일어나게 합니다. 그 다음에 짜증이 수그러들 때까지 가만히 지켜봅니다. 단, 방 밖으로 나가면 안 됩니다. 짜증이 수그러들면 부드럽게 말을 걸어 의자에 앉게 합니다.

눈맞춤과 포인팅하기

> **• 목표**
>
> 자폐아이는 사람의 시선을 보고 읽거나 의사소통 중에 시선을 사용하는 것이 어렵습니다. 요구상황이나 상호작용 중에 아이의 시선, 특히 눈맞춤을 끌어내는 것을 의식하면서 과제를 진행해주세요. 또 어른에게 요구할 것이 있을 때나 흥미 있는 물건을 봤을 때 포인팅을 하면서 어른의 눈을 보는 것을 가르칩니다.

프로그램 **눈맞춤과 포인팅하기**

(1) 일상생활에서 할 수 있는 눈맞춤 과제

이 과제는 간식시간 등 일상에서 시간을 조금만 투자해도 가르칠 수 있습니다.

먼저 아이와 마주보고 앉습니다. 아이가 좋아하는 과자를 몇 개 준비합니다. 아이에게 말을 걸지 말고 아이가 치료자를 보는 것을 기다립니다. 아이가 우연히라도 보면 기회를 놓치지 말고 웃는 얼굴로 "엄마를 봤구나~"나 "과자 먹고 싶구나~"처럼 말로 많이 칭찬해주고 과자를 줍니다. 이것을 한 번 할 때 2~3분씩 매일 계속합니다. 서서히 아이가 자발적으로 치료자를 보는 횟수가 증가할 것입니다.

또 아이를 칭찬할 때에도 아이의 시선을 붙들도록 합니다. 요구하는 의사소통은 자폐아이에게 알기 쉽고 동기부여가 되기 때문에 비교적 쉽게 정착되고, 눈을 맞추는 것 자체를 서서히 좋아하게 됩니다.

"여기 봐"라는 지시, 또는 "○○야~"하는 호명에 적절하게 대응하고 어른이 있는 쪽을 보는 것을 가르치는 것도 가능합니다.

마주보고 앉아서 "여기 봐"라고 말합니다. 마음속으로 천천히 셋을 세어주세요. 그 사이에 아이가 어른의 눈을 보면 바로 칭찬해주는 등 아이가 기뻐할 만한 대응을 하고 이것을 반복합니다. 좀처럼 쳐다보지 않을 때는 강화제를 눈앞에 보여주며 시선을 끕니다. 아이의 얼굴을 강제로 돌리는 것은 하지 말아주세요. 오히려 호명이 혐오적으로 받아들여질 수 있기 때문입니다.

또한 일상에서나 혹은 치료할 때 "○○야, ○○야" 하고 아이의 이름을 부르는 경우가 많은데, 이것도 되도록이면 피해주세요. 자주 부르면 부를수록 그 말은 아이가 고개를 돌리거나 주의를 끌기 위한 힌트로서의 작용을 하지 않게 됩니다. 그렇게 되면 오히려 아이 이름에 대한 아이의 반응은 약해집니다.

(2) 요구의 포인팅(손가락으로 가리키기/ 손으로 가리키기)

이 프로그램은 일상생활을 기회 삼아 가르칠 수도 있고, 치료 시간에 요구상황을 설정해서 가르치는 것도 가능합니다.

후자의 경우는 아이가 좋아하는 장난감이나 과자 등을 일부러 손이 닿지 않을 곳에 둡니다. 아이가 손이 닿지 않는 곳에 있는 어떤 물건을 원하는 것 같으면, 등 뒤에서 아이의 손을 잡고 그 물건 쪽으로 손을 뻗게 합니다. 아이가 어른의 손을 잡고 원하는 물건이 있는 쪽으로 이끌려고 하면 그 손을 부드럽게 내려놓고, 역시 어른이 아이의 손을 잡고 그 물건 쪽으로 뻗게 하도록 합니다.

이때 처음부터 손가락의 형태를 만들려고 노력할 필요는 없습니다. "가리켜"라고 말하고, 원하는 물건 쪽으로 손을 뻗는 것을 할 수 있으면 충분합니다. 아이가 원하는 물건에 손을 뻗으면 칭찬해주고, 바로 그 물건을 집어서 아이에게 줍니다. 이런 식으로 반복하며 점점 촉구를 줄여 나갑니다.

아이가 원하는 물건 쪽으로 손을 뻗는 것이 가능하게 되면, 이번에는 눈맞춤을 같이 할 수 있도록 합니다. 아이가 원하는 물건 쪽으로 손을 뻗을 때, "여기 봐"라고 말하고 눈맞춤을 촉진합니다. 눈을 맞추면 그 물건을 가져다줍니다. 서서히 "여기 봐"라는 말을 없애고 어깨를 가볍게 치는 정도의 촉구로 눈맞춤을 할 수 있도록 합니다.

동작 모방으로 손가락으로 포인팅하는 것이 가능해지면 그것을 촉구를 이용해 손으로 가리키던 것을 손가락으로 가리키도록 바꿔갑니다.

(3) 흥미 있는 물건의 포인팅

요구와는 상관없이 흥미 있는 물건을 포인팅하면서 어른의 눈을 보는 것을 가르칩니다. 이것은 '공동주의'라고 하며 자폐아이에게는 하기 어려운 것으로 알려져 있는 반응입니다(23페이지 참조). 하지만 잘 촉진하면 서서히 익숙해질 수 있으므로 포기하지 말고 참을성 있게 노력해 봅시다.

산책을 하거나 같이 그림책을 볼 때가 기회입니다. 아이의 흥미를 끌만한 물건이 나오거나 보이면 "앗!"이라고 말해 관심을 유도하고서 아이의 옆에서 그 물건을 가리키며 아이에게도 그 행동을 따라 하게 합니다. 따라 하면 "○○이구나" 등 상냥하게 말을 걸면서 강화합니다.

처음에는 이렇게 어른이 먼저 물건을 포인팅하지만, 점점 그런 도움을 줄이면서 아이가 먼저 자신이 흥미 있어 하는 것을 가리킬 수 있게 되면 그때 눈맞춤을 할 수 있도록 합니다. 아이가 포인팅해도 곧바로 "○○구나" 하면서 말을 하지 말고, "여기 봐"라든지 얼굴을 내밀듯이 하면서 눈맞춤을 촉진시킵시다. 눈이 마주치면 방긋 웃으며 다시 같이 물건을 보도록 합니다. 너무 훈련처럼 하지 말고 느긋한 마음으로 진행하면 더 좋겠습니다.

놀이상황에서 의사소통 끌어내기

· 목표

즐거운 놀이상황에서는 의사소통의 기회가 많이 있습니다. 치료 중의 시간에도 놀이상황을 만들어줍시다. 또 일상생활에서도 되도록 아이를 관계놀이에 참여할 수 있도록 유도합시다. 그냥 노는 것이 아니라, 눈맞춤이나 발성 등 끌어내고 싶은 아이의 반응을 목표로 정하고, 그 반응이 나올 때마다 강화하는 방법으로 하면 보다 효과적입니다.

프로그램 **놀이상황에서 의사소통 끌어내기**

(1) 놀이를 통해 의사소통을 촉진시킨다

놀이 중에 요구상황(혼자서는 할 수 없는 것)이 발생했을 때 어른에게 시선이나 동작이나 발성으로 의사소통하는 것을 가르칩니다.

먼저 아이가 좋아하는 놀이를 찾습니다. 이때 주의해야 할 것은 아이가 혼자서도 할 수 있는 놀이가 아닌, 반드시 어른의 도움이 필요한 것을 선택해야 한다는 것입니다. 예를 들어, 비눗방울을 좋아하지만 자기 스스로 불지 못하는 아이에게 비눗방울을 불어주는 식입니다.

이때 끌어내고 싶은 아이의 반응을 정해둡니다. 예를 들어 눈맞춤이 어려운 아이라면 눈맞춤을 유도하고 아이가 이쪽을 볼 때마다 비눗방울을 불어줍니다.

요구의 사인으로 어른의 팔을 툭툭 치는 것을 목표로 해도 좋습니다. 비눗방울을 불어줬으면 할 때 손을 잡고 어른의 팔을 가볍게 칠 수 있도록 촉구합니다.

아직 말은 안 하지만 자발적인 발성은 조금 나오는 아이의 경우는, 요구의 발성을 촉구합니다. 비눗방울을 불어줬으면 할 때 이쪽에서 "후~"라고 말합니다. 아이가 비슷하게 입을 오므리며 발성하면 바로 비눗방울을 불어줍니다.

비눗방울 이외에도 다음과 같은 다양한 놀이로 아이의 의사소통 행동을 끌어내주세요.

- 안아주기, 어부바, 빙빙 돌기 등 몸을 사용한 단순한 놀이
- 이불을 이용한 놀이(이불 위에 앉혀서 당기기, 덮기, 까꿍 놀이 등)
- 태엽을 돌리는 등 어른의 도움이 필요한 장난감을 이용한 놀이
- 소꿉놀이

(2) 관계 놀이를 가르친다

[상대의 리드에 따르기]

자폐아이 중 많은 아이들은 다른 아이와 함께 놀 때 자기가 좋아하는 것을 하면서 놀기만 할 뿐 주변과 맞추면서 노는 것이 어렵습니다. 다음과 같은 방식으로 상대의 리드에 맞춰 노는 것을 가르칩니다.

① 책상 위에 장난감 자동차를 두 개 놓습니다. "해봐"라고 말하면서 자동차를 만지거나 들거나 앞뒤로 굴리거나 하는 등의 시범을 보여줍니다. 처음에는 손을 잡는 등 신체적 촉구를 통해 잘 모방할 수 있도록 하고, 모방하게 되면 보상이나 신체적 접촉으로 강화합니다.

② 다음으로는 나무블록을 두 개 준비합니다. "해봐"라고 말하면서 어른이 자신의 자동차를 자신의 나무블록과 부딪히게 합니다. 아이가 따라 할 수 있도록 촉구합니다. 따라 하게 되면 강화합니다. 다음은 어른이 자동차를 들고 나무블록 위에 올리는 시범을 보입니다. 아이에게 이것도 모방하게 합니다. 다음은 자동차를 들고 나무블록을 뛰어넘게 합니다. 이렇게 자동차와 나무블록, 두 개의 물건으로 어른이 하는 다양한 동작을 그대로 모방하게 합니다.

③ 서서히 놀이답게 진행합니다. 예를 들어 어른이 "부릉~~" 하고 말하면서 자신의 자동차를 움직이게 하고, 나무블록의 주변을 한 바퀴 돕니다. 아이를 촉구하면서 어른의 자동차 뒤를 따라가게 합니다. 그렇게 해서 한 바퀴 돌면 강화합니다. 점점 실력이 좋아지면 자동차에 인형을 앉혀본다거나, 일주한 뒤에 도시락을 먹는 시늉을 하는 등 서서히 놀이를 복잡화시켜갑니다.

④ 어른의 리드에 따라 간단한 놀이를 할 수 있게 되면, 다음은 조금씩 아이에게 주도권을 넘겨줍니다. 예를 들어 어른의 리드로 3~5분 놀았다면, "다음엔 뭐하지?"라고 묻고 아이가 좋아하는 놀이방법으로 놀게 합니다. 이번에는 어른이 아이의 리드에 따라 같이 놉니다. 이렇게 서로 리드를 바꿔가면서 재밌게 놀 수 있습니다.

[똑같이 해주기]

'똑같이 해주기'는 단순한 모방이 아니라, 상대방이 자신에게 한 것을 그대로 상대에게 되돌려주는 것입니다. 예를 들어 "왓!" 하고 놀라게 하면 "왓!" 하고 똑같이 놀라게 해줍니다. "빵!" 하고 손가락 총으로 공격당하면 똑같이 "빵!" 하고 공격합니다. 소꿉놀이 중에 요리를 "맛있게 드세요" 하면서 받았다면, 똑같이 요리를 만들어서 "맛있게 드세요"라고 말하면서 전해줍니다. 이것도 자폐아이가 하기 힘들어 하는 것 중 하나지만, 이렇게 주고받는 관계 놀이는 반드시 학습해야 할 행동입니다.

처음에는 아이의 어깨를 통통 치고 바로 촉구해주면서 아이가 어른의 어깨를 같은 방법으로 칠 수 있도록 도와줍니다. 서서히 촉구를 없애 갑니다. 같은 방법으로 "왓!" 하고 놀라게 하는 동작, 손으로 총 모양을 만들어 쏘는 동작 등을 가르쳐나가세요.

이외에도, 모양 맞추기나 퍼즐을 교대하면서 맞추기 등의 몇 가지 물건을 차례대로 또는 교대하면서 사용하는 놀이를 할 수 있도록 유도하는 것도 좋습니다.

음성언어 획득

소리를 내고 말을 할 수 있는 것을 목표로
음성 모방, 물건 이름 말하기 등을 배우고
그림카드를 이용한 의사소통법도 배웁니다.

말의 획득

:

많은 자폐아이들이 어떤 형태로든 언어지연을
가지고 있습니다. 그 지연의 정도는 아이에 따라 천차만별입니다. 말이
완전히 없는 아이나 몇 가지 단어만 말하는 아이도 있는 반면, 거의 정
상발달인 아이에게 뒤처지지 않을 정도로 말은 할 수 있지만 조사나 수
동형태의 사용법이 어려운 아이도 있습니다.

　Step2에서는 이러한 아이 중에서 아직 말이 없는 아이, 또는 물건의
이름을 이해하지 못하는 아이에 맞춰 말의 획득을 목표로 하는 프로그
램을 소개합니다.

　전문가 중에는 자폐아이는 음성정보처리능력보다 시각정보처리능력
이 더 뛰어나다는 이유로, 말이 없거나 한정되게 하는 아이에게 말(음성
언어)을 무리하게 늘리지 말고, 그림카드나 수화(사인언어)에 의한 의사

소통을 가르치는 것이 좋다고 하는 분들이 적지 않습니다.

하지만 실제로는 유아기에 적절하게 치료를 적용하면 음성언어를 획득할 수 있는 아이가 많다는 것이 수많은 해외 연구로 밝혀졌습니다. 아이가 말을 전혀 하지 않더라도, 만 6세 미만이며 자발적인 발성 중에 모음뿐이 아닌 "다"나 "바", "마" 등의 자음도 소리 낼 수 있으면 지금부터 알려드리는 방법으로 말을 획득할 수 있는 기회를 충분히 만들 수 있습니다.

이번 Step2에서는 먼저 음성언어의 획득을 목표로, '음성 모방' 연습에 힘을 실었습니다.

계속해서 물건에도 이름이 있다는 것을 가르치기 위해 '물건 이름 말하기(이름 붙이기)'의 과제를 합니다.

이러한 과제를 통해 물건의 이름을 말할 수 있게 된 아이에게는 사람, 장소, 동작 등의 이름 말하기를 하면서 말의 세계를 넓혀갑니다.

한편, 만 6세를 넘었는데 말이 없고 자발적인 발성도 몇 개의 모음을 반복하는 정도라면 일반적으로 말의 획득이 상당히 어려울 것이라 여겨집니다. 그런 경우에는 음성언어를 대신하는 의사소통 수단으로 수화(사인언어)나 그림카드에 의한 의사표시방법을 가르칠 필요가 있습니다.

또, 이 단계에서의 프로그램을 따라 음성 모방은 할 수 있게 되었지만 의미가 있는 말은 거의 하지 않는 경우도 역시 음성언어를 대신할 수 있는 의사소통 수단을 가르치는 것이 더 좋겠습니다.

이미 말을 잘하는 아이의 경우에 Step2가 필요없다고 여겨질지도 모르겠습니다. 하지만 말만 계속하고 대화가 잘 성립되지 않는 아이도 많습니다. 그런 경우는 우리가 적절한 반응의 모델을 보여주며 가르쳐줘야 합니다. 그러기 위해서는 음성 모방의 스킬이 필요하게 됩니다.

또 물건의 이름을 많이 말할 수 있는데 어른이 말한 이름의 물건을 선택하라고 하면 잘 선택하지 못하는 아이들도 의외로 많습니다. 그런 경우는 음성과 사물의 일치를 이해시키기 위해 물건 이름 말하기 과제를 확실히 해둘 필요가 있습니다.

때문에 현재 말을 할 수 있는 아이라 하더라도 Step2를 그냥 넘어가지 말고 여기서 제시하는 과제를 한 번씩 다 해보시기를 권합니다. 만약 잘 진행이 안 되는 과제가 있다면 그 부분을 확실하게 연습하고 다음 스텝으로 넘어가도록 합니다.

음성 모방

> **· 목표**
>
> 말을 끌어내기 위한 수단으로 먼저 어른의 소리를 그대로 따라 하는 연습을 합니다. 처음에는 "아", "오" 등의 단음으로 모방을 연습합니다. 그 다음에 "바나나", "우유" 등의 단어를 모방합니다.

프로그램 **음성 모방**

(1) 단음 모방

음성 모방은 어려운 과제입니다. 동작 모방과 동작 지시 따르기의 레퍼토리(할 수 있는 것)가 각각 12개 이상이 되면 시작해주세요. 세세한 입 모양 모방을 할 수 있게 되면 더 좋지만, 세밀한 모방이 다 될 때까지 기다릴 필요는 없습니다.

[최초의 소리]

말을 전혀 하지 않는 아이여도 음성 모방을 시행하다 보면 몇 가지 소리를 따라 할 수 있는 아이들이 있습니다. 그러니 먼저 음성 모방이 가능할지 시도해봅시다.

차분한 상태에서 마주 앉습니다. 의자에 앉아도 좋고 소파에서 무릎에 앉히고 마주본 상태로 있어도 괜찮습니다. 단, 어른의 입이 잘 보일 수 있도록 아이의 얼굴이 위쪽을 향하게 합니다.

어른이 먼저 "아" 하고 소리를 냅니다. 아이가 바로 "아" 하고 따라 하면 문제없습니다. 두세 번 반복한 뒤, 바로 다른 소리를 시도해보세요.

이때 주의할 점은 "아, 야, 어, 여" 등 순서대로 하지 않는 것입니다. 순서대로 하게 되면 아이가 그 순서를 기억해버려서 들은 소리를 따라 하는 것이 아닌, 순서대로 말하는 것에 집착하게 될 수도 있기 때문입니다. 그것보다 거센소리, 된소리를 포함해 비교적 소리내기 쉬운 음부터 시도하는 것이 좋습니다.

"아"의 모방이 안 되는 경우는 어떤 발성이라도 좋으니 어른이 "아"라고 말하고 3~5초 이내로 아이가 무엇인가 소리를 내면 바로 강화해주세요. 만약 기다려도 영 소리를 안 내면 간지럽히거나 높이높이를 하거나 해서 발성을 촉진시켜주세요. 일단은 입모양이나 음의 정확도보다는 '내가 뭔가 말하면 칭찬을 받고 보상이 생기는구나' 하고 아이가 이해할 수 있게 할 필요가 있습니다.

[비슷한 소리를 강화하기]

어른이 "아" 했을 때 아이가 뭐라도 발성을 할 수 있게 되면, 아이가 내는 모든 소리를 강화하지 말고 비슷한 소리만 강화하도록 합니다. 단, "아"에 너무 집착할 필요는 없습니다. 예를 들어 아이가 "바"라고 말할 수 있으면 어른이 "바"라고 말하면서 아이에게 맞춰주면 좋습니다.

비슷한 음을 만들 때 동작으로 힌트를 주는 것도 효과적입니다. 예를 들어 "아~"를 모방하게 하려고 할 때, 아이의 입 앞에서 엄지와 검지를 넓히는 동작을 해서 입을 크게 벌릴 수 있도록 촉구합니다. 또는 양손으로 볼을 감싸듯이 해서 "우"나 "오"의 소리를 촉진시킬 수도 있습니다.

입을 뻐끔뻐끔하는 입모양 모방을 할 수 있으면 입을 잘 보여주며 "바", 또는 "마"를 말하면 비교적 잘 따라 합니다.

[두 개의 소리로 랜덤 로테이션]

두 개 이상의 소리를 모방할 수 있게 되면, 그것을 랜덤으로 말해서 구별할 수 있는지 확인합니다. 예를 들어 "아"와 "우"를 말할 수 있게 되면, "아, 아, 우, 아, 우, 우, 아"처럼 불규칙하게 말하고 10번 시행 중 8번 이상 정답을 말할 때까지 연습합니다. 처음에는 동작으로 힌트를 줘도 괜찮습니다.

처음 두 개 음으로 랜덤 로테이션을 성공하면 그 다음엔 새로운 음을 시도하고, 그 소리를 기존에 획득한 음과 랜덤 로테이션으로 진행합니다.

[소리의 레퍼토리 넓히기]

음의 레퍼토리를 넓힐 때는 먼저 거센소리, 된소리를 포함해 음의 표를 만듭니다. 그것을 보면서 아이가 낼 수 있을 것 같은 소리를 시도해 주세요. 가열, 다열, 바열, 자열 등의 예사소리는 거센소리보다 발성하기 쉬우므로 아이가 말할 수 있는 유력한 후보입니다.

모음만 계속 연습하는 사람이 있는데, 이것은 좋지 못한 방법입니다.

아이와 눈높이가 맞도록 아이를
조금 높은 의자에 앉힙니다.

아

아

모음만 계속 연습하면 자음이 나오기 힘들어집니다. "아", "바", "무", "다", "와" 등 비교적 내기 쉬운 음을 중심으로 되도록 많은 발음을 할 수 있도록 범위를 넓혀갑니다.

아이들이 모음을 따라 할 때, "아", "오", "우"는 비교적 발음하기 쉬워 하고, "에"나 "이"는 발음하기 힘들어하는 것 같습니다. 이것을 'ㅂ'과 합쳐서 "바", "보", "부"는 비교적 쉽게 하고, "베"나 "비"는 소리내기 힘 들어하는 경우도 있습니다. 그렇게 때문에 처음에는 "아"나 "오"의 단 음, 예를 들어 "바", "보", "마", "모", "다", "도", "가", "고" 등을 시도해보 세요.

처음에는 두세 종류의 음만 모방해도, 매일 연습하다 보면 잠재돼 있 던 능력이 자극을 받는지, 날이 지남에 따라 모방할 수 있는 음이 늘어 나는 일이 많습니다. 발성할 수 있던 소리도 못하게 되지 않도록 짧은 시간이라도 좋으니 매일 지속적으로 합니다.

[소리를 만드는 법]

발화하지 못하는 소리를 말하게 하기 위한 몇 가지 방법이 있습니다.

일단, 이미 할 수 있는 소리를 적당한 순서로 섞어서 말하며 모방하게 하면서, 중간에 아직 말하지 못하는 말을 섞어서 모방할 수 있도록 합니다. 그러면 무의식적으로 그 소리를 모방할 수 있게 되거나, 아니면 예상치 못한 다른 소리가 나오거나 합니다. 그러면 그 소리를 당분간 목표로 하고 연습합니다.

같은 자음 중에서 이미 낼 수 있는 소리가 있으면 그것을 힌트로 다른 음을 따라 할 수 있도록 합니다. 예를 들어 "가", "거", "고"를 말할 수 있다면, "가, 거, 고, 구"의 순서로 말하면서 모방하게 합니다. 이때 어른의 입을 아이에게 잘 보여주면서 되도록 분명하게 또박또박 말해주세요. 같은 자음이 계속되는 것과 함께 입모양의 변화를 분명하게 보여줌으로써 아직 말할 수 없었던 "구"를 말할 수 있게 될 것입니다.

어떤 차이를 두며 모방하게 하는 것은 음성 모방에 없어서는 안 될 기술입니다. 예를 들어 "바"를 할 수 있는데 "비"를 말하게 하고 싶을 때, "바"를 일정한 템포로 몇 번인가 따라 하게 하고 갑자기 "비"라고 말합니다. 그러면 "바"와 "비"의 소리의 차이, 입모양의 차이가 강조되므로 "비"라고 말하게 될 수 있는 것입니다.

[잘 못한다는 의식을 하지 않게 하기]

음성 모방은 굉장히 예민한 과제입니다. 다른 과제에서는 틀렸을 때 무시하지만, 음성 모방을 할 때는 다른 소리를 내더라도 가볍게 칭찬해주세요. 말하지 못하는 소리를 몇 번이고 지속적으로 연습시키면 더더욱 말을 하지 않게 되므로 어떤 음을 한두 번 말하지 않는다면 세 번째 시행에서는 다른 잘 낼 수 있는 소리를 모방하게 하면서 반드시 성공할 수 있도록 해주세요. 'ㄹ', 'ㅅ', 'ㅋ' 발음은 정상발달인 아이들도 말할 수 있게 되기까지 개인차가 크고, 느린 아이들은 만 5~6세가 돼서야 겨우 발음하는 경우도 있습니다. 너무 초조해하지 말고 장시간에 걸쳐 천천히 노력해주세요.

(2) 음절, 단어모방

단음 모방으로 15종류 정도 소리를 낼 수 있게 되면 말할 수 있는 음을 더욱 늘릴 수 있는 과제를 병행하며 말할 수 있는 음을 조합한 음절이나 단어를 말하는 연습을 합니다.

처음에는 2음절의 연습부터 시작합니다. 먼저 비교적 말하기 쉬울 것 같은 음의 조합으로 연습해주세요. 모음끼리의 조합(예: 아이), 자음+모음의 조합(예: 바이), 같은 자음끼리의 조합(예: 고기) 등이 말하기 쉽겠죠.

처음에는 한 음씩 구별해서 연습합니다. 서서히 속도를 빨리 해서 아이가 앞의 음을 말할까 말까 하는 타이밍에 다음 음을 말하게 합니다.

특정 조합만 연습하면 그것이 습관처럼 돼서 다른 조합의 말을 할 수 없게 될 수도 있습니다. 예를 들어 "사자"만 계속 연습하면 "사과"를 말하게 하려고 해도, "사"를 들은 것만으로 "자"라고 말해버리는 것입니다. 이것을 방지하기 위해 의미가 없는 음의 조합을 포함해서 다양한 조합의 음을 연습해주세요.

2음절을 잘 말할 수 있게 되면 3음절의 연습을 합니다. 3음절이 되면 조합할 수 있는 말이 방대해지므로, 의미가 있는 단어를 중심으로 연습합시다. "바나나", "자동차", "고구마" 등입니다.

물건 이름 말하기

- **목표**

물건의 이름을 가르칩니다. 어른이 물건의 이름을 말하고 아이가 선택하는 '수용적 이름 말하기', "이게 뭐야?"라고 물어보고 아이가 대답하는 '표현적 이름 말하기'의 두 종류의 과제가 있습니다. 일반적으로 '수용적 이름 말하기'를 먼저 가르칩니다.

프로그램 **물건 이름 말하기**

(1) 수용적 이름 말하기

어른이 말한 물건을 아이가 선택하게 하는 과제입니다. 음성 모방과 거의 같은 시기에 이 과제를 시작합니다.

아이는 가르치기 전부터 이미 몇 가지 물건의 이름을 알고 있을지도 모릅니다. 그럴 때는 알고 있는 물건의 이름을 먼저 확인하고, 서서히 새로운 물건의 이름을 가르쳐나갑니다.

과제의 절차를 아이가 이해하기까지는 시판용 카드보다는 주변의 실물이나 모형을 사용하는 것이 더 이해하기 쉬우므로 초반에는 아이가 항상 접하는 물건들로 시행할 것을 권합니다. 하지만 아이가 과제를 하다가 가지고 놀 만한 물건은 피하는 것이 좋습니다.

[두 개의 물건]

가장 먼저 이름을 알려줄 물건은 아이한테 친밀한 장난감이나 친해지기 쉬운 동물을 고릅니다. 여기서는 컵과 장난감 휴대전화를 예로 설명하겠습니다.

① 컵과 휴대전화를 책상 위에 서로 15센티미터 정도 거리를 두고 놓습니다. 어른이 "컵"이라고 말하고 컵을 만지는 것을 보여주고 아이가 따라서 컵을 만지면 강화합니다. 서서히 촉구를 없애며 어른이 힌트를 주지 않아도 "컵"이라고 말하면 컵을 만질 수 있도록 합니다. 때때로 좌우의 위치를 바꾸고, 위치를 바꿔도 컵을 고를 수 있는지 확인합니다.

② 어른이 "핸드폰"이라고 말하고 휴대전화를 만지도록 촉진시킵니다. 처음에는 어른이 시범을 보이고 촉구합니다. 서서히 촉구를 줄여나갑니다.

③ "컵"과 "핸드폰"을 3~4번씩 교차로 시행해봅니다. "컵, 컵, 컵, 핸드폰, 핸드폰, 핸드폰, 핸드폰, 컵, 컵, 컵"처럼 말입니다. 컵에서 핸드폰으로 전환할 때만 잠깐 촉구해주면 될 정도로 잘하게 되면 랜덤 로테이션으로 이행합니다.

④ "컵, 컵, 핸드폰, 컵, 핸드폰, 핸드폰, 컵…"처럼 두 가지의 물건의 이름을 무작위로 말합니다. 도중에 실패하면 그 물건에 대해 잠깐 촉구로 도와주고, 서서히 촉구를 줄여나갑니다.

촉구 없이도 바르게 선택할 수 있게 되면 랜덤 로테이션을 다시 재개합니다. 때때로 좌우의 위치를 바꿔가면서 시행해주세요. 10번 시행 중 8번 이상 지시한 물건을 바르게 선택할 수 있을 때까지 연습을 계속 합니다.

[세 번째 물건 이후]

두 가지의 물건의 이름을 구별할 수 있게 되면 같은 방법으로 세 번째, 네 번째 물건의 이름을 가르칩니다. 처음에는 새로운 물건을 한 개 도입할 때마다 이미 습득을 완료한 물건과 하나씩 랜덤 로테이션으로 시행합니다. 습득을 완료한 물건이 늘어남에 따라 새로운 물건과 이미 습득된 물건 중 하나나 두 개로 랜덤 로테이션을 진행하고, 남은 물건은 각각 몇 번씩만 시행해도 잘 익힐 수 있게 됩니다.

[동작을 표현하는 말의 이용]

앞서 설명드린 방법으로 처음 두 개의 물건의 이름이 잘 이해하지 못하는 경우에는 "컵" 대신에 "꿀꺽꿀꺽", "핸드폰" 대신에 "여보세요"라고 말해봅시다. 이렇게 해도 아이가 이해를 못한다면 컵과 휴대전화를 한 개씩 더 준비해서 어른이 "꿀꺽꿀꺽" 하고 말하면서 컵으로 마시는 시늉을 하면서 시범을 보입니다. 아이가 따라 하면 강화해줍니다. 서서히 촉구를 없애면서 "꿀꺽꿀꺽" 하고 언어적인 지시만으로도 컵을 들고 마시는 시늉을 할 수 있도록 합니다.

휴대전화에 대해서도 "여보세요"라고 말하면 휴대전화를 들고 귀에 대는 것이 가능하게 하도록 합니다.

다른 물건도 "치카치카" 하며 칫솔을, "쓱싹쓱싹" 하며 수건을, "팔랑팔랑" 하며 부채를 선택하게 하는 연습을 하면 더 이해하기 쉬우므로 시도해주세요.

몇 가지의 물건을 그 동작을 표현하는 말로 선택할 수 있게 되면 그것을 발판삼아 새로운 물건의 이름을 가르칠 수 있게 됩니다. 예를 들어 컵과 사과를 나열하고 "꿀꺽꿀꺽"으로 컵을 고르면, 이번에는 "사과"라고 말하고 사과를 만지도록 촉구합니다. 이렇게 "꿀꺽꿀꺽"과 "사과"로 랜덤 로테이션을 시행합니다.

[○○ 줘]

몇 가지 물건의 이름을 알고 나면, 지시받은 물건을 만지는 것에서 끝날 것이 아니라 어른이 "○○줘"라고 지시하며 손을 내밀면 지시받은 물건을 선택하고 손 위에 올리도록 합니다. 처음에는 아이의 손을 잡고 지시받은 물건을 잡아 어른의 손 위에 올릴 수 있도록 촉구해줍니다. 서서히 촉구를 없앱니다.

[○○ 가지고 와]

"○○ 줘"를 잘할 수 있게 되면, 이번에는 책상과 의자의 거리를 서서히 멀리 두면서 어른은 아이의 옆에 앉아서 "○○ 가져와"라고 지시합니다. 아이가 의자에서 일어나서 지시받은 물건을 가지고 옵니다. 처음에는 50센티미터, 다음은 1미터로 조금씩 책상과의 거리를 멀리하는 것이 요령입니다.

이것도 잘할 수 있게 되면 방 안의 여러 장소(바닥, 서랍장 위 등)에 여러 물건을 놓은 뒤 가지고 오게 합니다.

이러한 스킬은 생활 속에서도 도움이 됩니다. 일상생활 속에서 '심부

름'으로서 지시받은 물건을 가지고 올 수 있도록 합니다. 그리고 심부름을 성공할 때마다 칭찬하는 것을 잊지 말아주세요.

(2) 표현적 이름 말하기

아이가 음성 모방으로 물건의 이름을 따라 말하고, 또 물건을 '수용적 이름 말하기'로 선택하는 것이 가능해지면, 이것을 이용해서 "이게 뭐야?"라고 질문을 해서 그 물건의 이름을 대답하게 하는 연습을 합니다.

이때 발음의 정확도에 집착하지 않도록 합니다. 예를 들어 컵을 "업", 핸드폰을 "해느포"라고 말해도 괜찮습니다. 가능하다면 아이가 비교적 명료하게 발음할 수 있는 물건을 고릅시다.

예를 들어 아이가 컵과 휴대전화를 '수용적 이름 말하기'로 선택하는 것이 가능하고, 심지어 음성 모방으로 "컵", "핸드폰"이라고 말할 수 있다고 합시다. 그 다음에는 다음과 같은 절차로 '표현적 이름 말하기'를 연습합니다.

[가르치는 방법]

① 책상에 컵과 휴대전화를 놓습니다. 아이의 주의를 끈 뒤 먼저 어른이 "컵"이라고 말합니다. 아이가 컵을 선택하면 강화하기 전에 어른이 잽싸게 컵을 들고 다시 "컵"이라고 말합니다. 아이가 모방하면서 "컵"이라고 말하면 강화합니다. 휴대전화도 같은 방법으로 합니다.

② 서서히 촉구를 줄여갑니다. 어른이 처음에 "컵"이라고 말하고 아

이가 컵을 고르면 컵을 들고 "커"만 말합니다. 아이가 "컵"이라고 말하면 강화합니다. 휴대전화도 같은 방법으로 합니다.

③ 촉구를 완전히 없앱니다. 어른이 처음에 "컵"이라고 말하고 아이가 컵을 고르면 바로 그 컵을 들고, 아무 말 하지 않고 손가락으로 가리킵니다. 아이가 "컵"이라고 말하면 강화합니다. 휴대전화도 같은 방법입니다.

④ 위의 방법으로 잘할 수 있게 되면 서서히 '표현적 이름 말하기'만 독립적으로 시행해봅니다. 예를 들어 먼저 어른이 "컵"이라고 말하고 아이가 컵을 들면 아이에게 "컵"이라고 말하게 합니다. 말하면 이번에는 갑자기 휴대전화를 들고 "핸…"이라고 말하고 아이가 "핸드폰"이라고 말하면 강화합니다. 다음은 다시 컵으로 돌아갑니다.

하지만 이번에는 어른이 "컵"이라고 말하고 아이가 선택해서 말하게 하는 것이 아니라 갑자기 어른이 컵을 든 뒤 아이에게 "컵"이라고 말하도록 촉구합니다.

⑤ 서서히 촉구를 없앱니다. 두 개의 물건 중 한 개를 무작위로 잡고 올려서 아이에게 물건의 이름을 말하도록 촉구합니다. 10번 시행 중 8번 이상 정반응을 보일 때까지 연습을 계속 합니다.

⑥ "이게 뭐야?"라고 하는 질문을 도입합니다. 물건을 가리키면서 작은 목소리로 "이게 뭐야?"라고 묻습니다. 처음에는 "이게 뭐야?"라고 작은 목소리로 말하고 바로 큰 목소리로 "컵" 혹은 "핸드폰"이라고 말해주세요. 이것은 "이게 뭐야?"라는 질문을 아이가 반향어처럼 따라 말하는 것을 방지하기 위함입니다. 서서히 "이게 뭐야? 커…"라고만 말하고

마지막에는 "이게 뭐야?"라고 질문만 합니다.

⑦ 처음 두 가지 물건의 이름을 말할 수 있게 되면 다른 물건의 이름
도 같은 방법으로 연습해주세요.

[일상생활]

책상 위에서의 연습으로 물건의 이름을 말할 수 있게 되면 일상생활
에서도 물건의 이름을 말할 수 있는 다양한 기회를 만들어주세요. 예를
들어 산책을 하는 강아지를 가리키며 "저게 뭐야?"라고 물어봐주세요.
처음에는 정답을 가르쳐줍니다. 아이가 따라서 "강아지(멍멍이)"라고 말
하면 마음을 담아 크게 칭찬해주세요.

말로 요구를 표현하기

> • **목표**
>
> 음성 모방을 할 수 있게 되면, 그것을 이용해 "주세요", "열어줘", "안
> 아줘" 등 아이가 말로 요구를 표현할 수 있도록 연습합니다. 물건의
> 이름을 말할 수 있게 되면 그것도 요구로 사용할 수 있도록 합니다.

프로그램 **말로 요구를 표현하기**

(1) 요구표현 가르치는 방법

　말(표현언어)은 크게 자신의 의사를 전달하는 요구표현과 사실을 전달
하는 서술표현으로 구별됩니다. 요구표현은 말하는 것이 바로 자신의
요구 표현, 즉 강화물의 획득으로 연결되기 때문에 서술표현에 비해 동
기부여를 시키기가 쉽습니다.

　때문에 음성 모방으로 간단한 단어를 말할 수 있게 되면 그 능력을 정
착·발전시키기 위해 자신의 요구를 말로 전하는 것을 적극적으로 가르
칩시다.

[어떤 말을 가르칠 것인가]

처음에 가르치는 요구표현은 현시점에서 아이가 모방할 수 있는 음을 조합한 말로 합니다. 아이가 말하기 쉬운 음성으로 조합된 것이면서 사용할 기회가 많은 요구표현을 가르칩니다.

여기서는 아이가 "마"라는 말을 할 수 있다고 가정하고, "맘마"를 가르쳐보겠습니다. "마"는 못하지만 "쭈"는 말할 수 있는 경우에는 "주세요"의 의미로 "쭈~" 또는 "줘~"를 가르쳐도 좋겠죠.

① 아이가 배고플 때를 기다렸다가 아이가 좋아하는 음식을 준비합니다. 아이에게 한 숟갈이나 두 숟갈 정도 줍니다. 아이가 더 먹고 싶어 하면 한 숟갈 떠서 보여주며 "맘마"라고 말합니다. 아이가 "맘마", 혹은 "마"나 "마, 마" 하며 비슷한 발음을 소리 내면 어른이 한 번 더 "맘마"라고 말하면서 음식을 줍니다.

이때, 아이가 정확한 발음을 하는 것에 너무 집착하지 않도록 해야 합니다. 처음에는 눈맞춤이 되고 입을 움직이기만 해도 강화해주세요.

② 모방할 수 있게 되면 촉구를 점점 줄여나갑니다. "맘마"가 아닌, "마…"만 말하고 아이가 "맘마"라고 말하면, 음식을 줍니다. 다음에는 "마" 모양으로 입을 뻐끔뻐끔 벌리기만 합니다. 최종적으로는 촉구를 없앱니다.

[두 번째 요구표현]

두 번째로 가르칠 요구표현은 처음 배운 요구표현의 말과 혼동하지 않도록 상황도, 말의 발음도 확실히 다른 것으로 선택합니다. 앞서 예로 들은 것처럼 처음으로 가르친 요구표현이 "맘마"라면 "안아줘" 등이 좋겠죠. 혹은 첫 요구표현이 "주세요"라면 두 번째는 "업어줘" 등을 가르치면 되겠습니다.

가르치는 방법은 "맘마"와 같습니다. 먼저 한두 번은 그냥 안아줍니다. 또 안기고 싶어 하는 것처럼 손을 뻗으면 어른이 "안아줘"라고 말합니다. 아이가 모방으로 "안아줘", 혹은 그와 비슷한 발음으로 말하면 안아줌으로써 강화해줍니다. 서서히 촉구를 줄이고 어른이 아무말도 하지 않아도 "안아줘"라고 말할 수 있도록 합니다.

[그 외 다른 요구표현]

두 개의 요구표현을 가르쳤다면 다른 요구표현도 같은 방법으로 가르칩니다. 예를 들어 "열어줘"라는 요구표현은 문을 열어줬으면 할 때나 과자봉지를 열어줬으면 할 때와 같은 상황에서 가르칩니다. 혹은 "이리와"라는 요구표현, 이것은 아이가 어른의 손을 끌고 어디론가로 가려고 할 때 가르쳐주면 되겠습니다.

[요구표현의 적절한 사용]

이렇게 여러 가지 요구표현을 가르치다 보면, 반드시 혼동하는 경우가 생깁니다. 그때마다 완전하게 말을 고쳐서 다시 말하게 하기보다는 치료자가 먼저 바른 표현으로 말을 해줍니다. 그렇게 해도 계속 혼동한다면 요구표현을 적절하게 사용하는 연습을 해야 합니다.

예를 들어, "열어줘"와 "주세요"의 구별은 다음과 같이 가르칩니다.

책상 위에 뚜껑 있는 투명한 그릇에 넣은 과자와 그냥 과자를 각각 올려둡니다. 아이가 과자가 담긴 그릇을 잡으면 "열어줘"라고 말하도록 촉구합니다. 말하면 그릇을 열어서 과자를 줍니다.

아이가 그냥 놓인 과자 쪽으로 손을 뻗으면 어른이 "주세요"라고 말합니다. 아이가 따라서 "주세요"라고 말하면 과자를 줍니다. "열어줘"라고 말하면 주지 않습니다. 이것을 반복해서 서서히 촉구를 없애나갑니다.

[물건의 이름]

'물건 이름 말하기'의 프로그램을 연습하면서 다양한 물건의 이름을 말할 수 있게 되면 그것도 요구상황에 점점 도입해갑니다. 예를 들어 사과, 귤, 케이크, 요구르트 등 아이가 좋아하는 음식의 이름을 가르치고 그것을 요구상황에 사용할 수 있도록 촉진시킵니다.

(2) 요구상황에서의 눈맞춤

요구표현이 정착되면 단지 요구를 전달하는 것이 아닌, 요구할 때 상대방의 얼굴을 보는 것도 가르칩시다. 예를 들어 문을 열어줬으면 할 때, 문을 보며 "열어줘"라고 말하면 "봐봐"라고 말해 어른을 볼 수 있도록 촉구해주세요. 어른 쪽을 보면서 한 번 더 "열어줘"라고 말하면 문을 열어줍시다.

(04)

1어문의 세계 넓히기

• **목표**

물건의 이름이나 간단한 요구사항을 말할 수 있게 되면, 본격적인 2어문 연습을 하기 전에 사람이나 장소의 이름, 동작의 이름 등을 가르쳐서 1어문의 세계를 보다 풍족하게 해줍시다.

프로그램 1어문의 세계 넓히기

(1) 사람 이름

물건의 이름은 말할 수 있게 되어도 의외로 '아빠', '엄마' 등의 가까운 가족의 호칭이 구별되지 않는 아이들이 많이 있습니다. 가족의 사진을 찍어서 카드로 만들어 이름을 가르칩시다.

아빠, 엄마, 형제, 아이 본인, 할아버지, 할머니의 사진을 찍습니다. 증명사진처럼 찍는 것이 좋겠죠. 다루기 쉽도록 두꺼운 종이에 붙이거나 코팅을 해두면 더 좋습니다.

아빠와 엄마의 구별이 의외로 힘든 아이가 많으므로 처음에는 아빠나 엄마 중 한 사람, 형제, 할아버지나 할머니 중 한 사람의 사진을 골라서 호칭을 가르쳐줍니다.

① 예를 들어 엄마와 형제의 사진을 나란히 놓고 "엄마", "형"이라고 말하며 해당하는 사진을 가리키게 합니다. 처음 두 명을 랜덤 로테이션으로도 구별할 수 있게 되면 다른 가족을 추가합니다.

② 호칭을 듣고 선택할 수 있게 되면 다음은 아이가 스스로 호칭을 말할 수 있도록 합니다. 가르치는 방법은 물건의 표현적 이름 말하기와 같습니다(134페이지 참조). 아이가 사진카드를 하나 선택하면 어른이 그 사람의 호칭(예를 들어 '엄마')을 말하고, 아이가 따라 하도록 촉구합니다. 서서히 촉구를 줄이고(예를 들어 "어…"만 말하기), 최종적으로는 촉구가 없어도 호칭을 말할 수 있도록 합니다.

③ 사진을 선택할 수 있게 되면 다음은 실제 인물로도 가능하도록 해주세요. 예를 들어 엄마 옆에 형을 앉히고, 아이에게 "엄마는?", "형은?"이라고 묻고 포인팅을 촉구합니다. 또 "누구야?"라고 묻고 호칭을 말하게 합니다.

(2) 장소 이름

아이가 자주 가는 장소의 사진을 찍고, 그 이름을 가르칩니다.

처음에는 집 안의 장소부터 시작합니다. 화장실, 부엌, 현관 등이 적당하겠습니다. 각자의 사진을 찍어서 카드로 만들어주세요. 물건이나 사람의 이름과 같은 방법으로 '수용적 이름 이해하기(129페이지 참조)'와 '표현적 이름 말하기(134페이지 참조)'를 가르칩니다.

집 안의 장소를 다 알 수 있게 되면 공원이나 자주 가는 마트, 아이가 좋아하는 가게(식당 등)의 사진을 찍고 같은 방법으로 가르칩니다. 이것은 외출할 때의 요구로도 사용될 수 있습니다.

(3) 동작 이름 말하기

[동작을 표현하는 명사·의성어]

동작이라고 하면 '먹다', '마시다', '걷다'와 같은 동사를 떠오르게 되는데, '빠이빠이', '만세'와 같이 동작을 표현하는 명사, 혹은 '냠냠', '꿀꺽'과 같은 의성어나 의태어도 있습니다. 어린 아이들에게는 의성어나 의태어로 말하는 것이 더 쉬울 수 있으므로 먼저 의성어, 의태어를 가르칩니다.

① 아이와 마주 앉습니다. "빠이빠이"라고 지시합니다. 아이가 "빠이빠이"라고 하면 그 직후에 어른이 '빠이빠이' 동작을 보여주면서 "뭐하고 있어?"라고 묻습니다. 아이가 "빠이빠이"라고 말할 수 있도록 촉구해주고 서서히 촉구를 없애갑니다.

② "냠냠"을 지시하고 아이에게 음식 모형으로 먹는 시늉을 하게 합니다. 아이가 먹는 시늉을 하면 곧바로 어른이 먹는 시늉을 하면서 "뭐하고 있어?"라고 묻습니다. "냠냠"이라고 말하면 강화해줍니다.

③ 다음으로 표현언어만 독립시킵니다. 즉 "빠이빠이"라고 지시를 하지 않고 어른이 손만 흔들면서 "뭐하고 있어?"라고 묻고 아이가 "빠이빠이"라고 말하게 하는 것입니다. "냠냠"도 같은 방법으로 합니다.

④ 아이가 잘 말할 수 있게 되면 다른 동작도 같은 방법으로 표출할

수 있도록 연습합니다. 아이 스스로도 그 동작을 할 수 있도록 촉진시키면서 "뭐하고 있어?"라고 묻고 대답하면 강화합니다. 일상생활에서도 같은 방법으로 해주세요.

[동사 가르치기]

'빠이빠이', '냠냠' 등의 의성어와 의태어를 잘 말할 수 있게 되면 "잘라요", "흔들어요", "자요", "던져요" 등 동작을 나타내는 동사를 조금씩 가르치기 시작합니다.

가르치는 방법은 지금까지 설명한 방법과 같습니다. 아이에게 "잘라요"라고 지시하고, 장난감 채소 등을 자르도록 촉구합니다. 그 직후에 어른이 자르는 시범을 보이고 "뭐 하고 있어?"라고 묻고 "잘라요"라고 말하도록 촉구해주고 강화해줍니다. 서서히 촉구를 없앱니다.

'~하고 있어요'라는 표현은, '~해요', '~했어요'에 비해 2~3음절이 더 많으므로 말을 하기 힘든 아이들에게는 부담될 수 있습니다. 아이가 말하기 힘들어하는 것 같다면 '~했어요'라는 과거형을 먼저 알려주세요. "뭐 했어?"라고 묻고 "잘랐어요"라고 말하게 하면 됩니다.

'~해요', '~하고 있어요', '~했어요' 등의 시제의 사용 구분은 Step4에서 가르칩니다.

그림카드를 이용한 의사소통

> **· 목표**
>
> 말이 좀처럼 나오지 않는 아이를 위해 그림카드로 상대방에게 의사를 전달하는 방법을 가르칩니다.

프로그램 **그림카드를 이용한 의사소통**

(1) 대체 의사소통을 가르치는 시기

음성 모방 연습을 해도 좀처럼 발성이 늘지 않거나, 단음으로는 말하지만 단어는 말하기 힘들어한다거나 하는 것처럼 말을 획득하는 것이 힘든 아이가 있습니다.

몇 개월에서 반년 정도, 음성 모방이나 물건의 이름 말하기 연습을 해도 의미 있는 말을 하지 못하는 경우라면, 이 연습들과 병행하며 말을 대신하는 의사소통의 방법을 가르치면 좋겠습니다. 자신의 요구를 전달하는 방법을 갖고 있지 않으면 본인도 주위의 가족도 욕구불만이 쌓이고, 짜증을 내는 등의 문제행동도 일으키기 쉽습니다.

[다양한 대체 의사소통]

말(음성언어)을 대신해 자신의 의사를 상대방에게 전달하는 방법으로 그림(사진) 카드나 수화(사인언어)를 자주 사용합니다.

발달이 느린 아이를 위한 수화로는 영국의 약식 수화인 마카톤(Makaton)이 정평이 나 있습니다. 자세한 내용은 마카톤협회의 홈페이지(https://www.makaton.org/)를 참고하세요.

하지만 자폐스펙트럼장애 아이들은 세세한 손가락 동작이 힘든 경우가 많아 수화로 의사를 표현하기 힘들다는 한계가 있습니다. 물건이나 장소에 관한 요구는 그림카드를 사용하는 것이 더 용이할 수 있을 것입니다.

그림카드에 의한 의사소통을 가르치는 방법으로는 PECS가 대표적입니다. PECS에 관한 자세한 내용은 피라미드 교육 컨설턴트 코리아(http://www.pecs-korea.com/)를 참고해주세요.

여기서는 PECS와는 조금 다른 방법으로 그림카드에 의한 간단한 의사소통을 소개할 것입니다. 이미 매칭을 할 수 있는 아이에게 적절한 방법입니다.

(2) 매칭 복습하기

먼저 3D-2D매칭의 복습부터 시작합시다. 책상 위에 몇 장의 사진(예를 들어, 사과와 바나나 사진)을 나란히 놓고, 그중 한 장(바나나)에 해당하는 실물(바나나 모형)을 아이에게 전해주고, 대응하는 사진 위에 올려놓게 합니다. 아이가 잘하면 다음으로 진행해주세요.

다음은 역매칭입니다. 위의 내용과 반대로, 먼저 바나나의 실물(또는 모형)을 보여주며 "이거 줘"라고 말하고 손을 내밉니다. 아이가 책상 위에 바나나 사진을 집어서 어른의 손으로 전해주도록 도와줍니다. 서서히 촉구를 줄입니다. 같은 방법으로 사과도 연습하고, 잘할 수 있게 되면 바나나와 사과를 랜덤 로테이션으로 진행합니다.

이외에도 되도록 많은 물건으로 역매칭 연습을 해주세요. 책상 위에 4~5장의 사진을 놓고 그중에 해당하는 실물을 보여주며 "이거 줘"라고 말하며 손을 내밉니다.

(3) 요구상황으로 응용: 좋아하는 물건과 좋아하지 않는 물건

역매칭을 잘하거나 잘하지 못해도, 어느 정도 기간이 지나면 '그림카드에 의한 요구'를 연습합시다.

① 아이가 좋아하는 물건 몇 가지와 그다지 좋아하지 않는 물건을 준비하고, 그 물건의 사진을 찍어서 카드로 만듭니다. 여기서는 아이가 좋아하는 물건을 과자 봉지, 좋아하지 않는 물건을 나무블록으로 정하고 설명하겠습니다.

② 과자와 나무블록의 카드를 책상 위에 놓습니다. 실물의 과자 봉지를 아이에게 보여줍니다. 아이가 그것을 원하면 과자 카드를 손가락으로 가리켜서 그 카드를 전해주도록 촉구합니다. 전해주면 과자 봉지에서 과자를 한 조각 꺼내 아이에게 줍니다.

③ 이것을 반복하면서 서서히 어른이 손가락으로 가리키는 촉구를 없앱니다. 만약 도중에 아이가 나무블록 카드를 전해주면 진짜 나무블록을 주세요. 아이가 나무블록을 원하지 않을 경우에는 조금 시간을 두고 과자 카드를 가리켜서 아이가 과자 카드를 전해주도록 촉구합니다.

이렇게 '과자 카드를 주면 과자를 얻을 수 있어'라는 것을 아이가 이해할 수 있게 하는 것입니다.

④ 과자와 나무블록으로 연습해서 아이가 잘하게 되면, 아이가 특별히 좋아하지 않는 물건, 예를 들어 숟가락이나 손수건 사진카드를 준비해서 그것과 과자 카드를 구별할 수 있도록 가르칩니다.

⑤ 서서히 과자 봉지를 보이지 않게 합니다. 마주 앉아서 말하지 않고 과자 카드를 가리킵니다. 아이가 과자 카드를 건네주면 과자를 한 조각 줍니다. 점점 어른이 과자 카드를 가리키는 것을 줄이고 아이가 자발적으로 과자 카드를 전해주는 것을 기다립니다.

⑥ 이외에도 아이가 좋아하는 물건의 카드를 몇 가지 준비해서 좋아하지 않는 물건의 카드와 섞어서 나열하고, 좋아하는 물건의 카드를 골라서 전해주도록 연습시킵니다.

(4) 좋아하는 물건끼리의 선택

다음으로는 좋아하는 물건들 사이에서 선택하는 연습을 합니다. 여기서는 초콜릿, 사탕, 주스, 장난감 기차, 그림책의 다섯 종류로 해보겠습니다. 이 다섯 종류의 실물과 사진카드를 준비합니다. 그리고 사전에 실물과 그림카드를 매칭할 수 있는지 확인하고 시작합시다.

① 카드 다섯 장을 책상 위에 나열합니다. 실물 다섯 개도 트레이에 올려놓고 아이에게 보여주고, 아이가 어느 쪽으로 손을 뻗는지 봅니다. 초콜릿(실물) 쪽으로 손을 뻗으면 초콜릿의 카드를 가리키고 그것을 전해주도록 촉구합니다. 전해주면 초콜릿을 하나 줍니다.

② 서서히 촉구를 없앱니다. 실물들이 올려져 있는 트레이는 보여주지 말고, 처음부터 카드를 선택하게 합니다. 전해준 카드에 해당하는 물건을 전해줘도 그것을 원하지 않는다면, 잠시 시간을 두고 다시 트레이를 보여주고 아이가 원하는 것을 확인한 뒤에 그 카드를 선택해서 전해주도록 촉구합니다.

[떨어진 곳에서의 카드 사용]

부모와 아이가 떨어진 곳에 앉아 있다가 카드를 가지고 오게 합니다. 일상생활에서는 항상 카드를 손에 들고 있는 것이 아니기 때문입니다.

아이가 책상 앞의 의자에 앉은 상태로, 그 옆에 ㄱ자 모양이 되게 책상을 두고, 카드를 나열합니다. 아이의 정면에 있는 책상에는 아이가 좋아하는 물건을 5~6개 정도 올려놓습니다. 어른은 그 책상의 반대편에 있습니다. 아이가 원하는 물건을 손으로 뻗으면 그에 대응하는 카드를 가리키고(옆 책상에 있는 카드) 그 카드를 어른에게 전해주도록 촉구합니다.

그것이 가능해지면 서서히 카드를 놓은 책상과 물건을 올려놓은 책상을 아이로부터 떨어트려놓습니다. 아이가 원하는 물건을 정하면 먼저 카드를 가지러 가고, 그 다음에 물건이 놓여있는 책상이 있는 곳으로 와서 카드를 어른에게 전해주고, 물건을 얻습니다.

일상생활에서도 원하는 물건의 카드를 어른에게 전달하게 합니다.

아이가 일상생활에서 자주 원하는 물건의 사진카드를 냉장고 문, 혹은 거실에 보드를 만들어 걸어두는 식으로 해서 그곳에 사진들을 모아서 붙여둡니다. 카드와 보드가 서로 잘 붙도록 매직 보드와 자석(혹은 찍찍이)을 사용하면 좋겠습니다.

처음에는 아이가 요구할 때마다 그 물건을 줄 필요가 있기 때문에 몇 번이고 줘도 상관없는 물건의 카드를 선택합시다. 예를 들어, 초콜릿 카드로 하게 되면 초콜릿을 몇 번이고 줘야 하기 때문에 초콜릿 카드보다는 장난감 카드가 더 좋습니다.

아이가 원하는 물건을 몇 가지 보여주고, 그중 하나에 아이가 손을 뻗으면 보드를 가리켜서 아이가 원하는 물건에 대응하는 카드를 선택해서 어른에게 전달해주도록 합니다. 카드를 전해주면 해당하는 물건을 줍니다.

이 행동이 정착될 때까지 적어도 며칠은 아이가 카드를 가지고 올 때마다 요구를 들어주세요. 보드에 붙여놓을 카드는 요구를 들어줄 수 있는 것으로 한정해서 붙여둡니다.

[장소의 요구]

물건이나 활동의 요구가 충분히 안정되면 가고 싶은 장소를 요구할 수 있도록 사진카드를 이용합시다.

한 장의 보드에 아이가 가고 싶어 할만한 장소카드를 몇 장 붙여둡니다. 사전에 갈 장소가 정해져 있을 때는 그 장소카드만 아이에게 보여주고 "여기에 갈 거야"라고 말해줍니다.

갈 곳을 아이에게도 선택하게 할 수 있는 경우에는 장소카드가 붙어 있는 보드를 보여주며 "어디 가고 싶어?"라고 묻습니다. 아이가 편의점 카드를 선택하면 반드시 편의점에 데리고 가야 합니다.

거울을 이용해 입모양 모방부터 음성 모방까지

오사카부 거주 아다치 토모미 씨

의사소통 과제를 처음 시작한 것은 딸이 30개월 정도 되었을 때입니다. 처음에는 ABA가 뭔지도 몰랐기 때문에 제 나름대로 말을 하게 하려고 많이 노력했습니다. 당시 제 딸은 발성은 많이 했지만 다 옹알이었습니다.

딸은 볼록거울에 자신의 얼굴을 비추고 이상한 표정을 짓는 것을 좋아했습니다. 그래서 저도 제 얼굴을 볼록거울에 비추면서 딸의 표정을 모방했습니다. 그렇게 하니 딸은 매우 좋아했고, 입을 오므리거나 크게 벌리거나 혀를 내미는 등 계속해서 다른 표정을 지어보였습니다. 저도 계속 그 표정을 따라 했습니다. 그때는 몰랐지만, 이 놀이는 입과 얼굴 근육을 단련시키는 데 상당히 도움이 되었습니다.

이 놀이를 하던 중 딸이 '오' 입모양을 했을 때 옆에서 제가 "오" 하고 소리를 내어 말해줬습니다. 그랬더니 딸도 "오"라고 따라 했습니다. 이런 흐름으로 한 글자씩 발음연습을 하게 되었습니다. 딸에게는 크게 기뻐하는 엄마의 모습이 강화제가 되었던 것 같습니다.

한 글자씩 복창을 하는 놀이가 일상생활에 정착될 즈음 저는 ABA라는 것을 알게 되었고, 지금까지 했던 것을 '과제'로 의식하면서 노력하기 시작했습니다. 예를 들면 "맛있어?"라고 물어보고 딸이 따라서 말하면 과자를 주는 식이었지요. "맛있어?"라고 의문형으로 물으면 그대로 복창해버리기 때문에 "맛있어"라고 어미를 올리지 않도록 주의하며 말했습니다. 그렇게 "맛있어"가 정착된 후에는 "맛있어?"라고 의문형으로 물어도 "맛있어"라고 바르게 대답할 수 있게 되었습니다.

ABA를 시작하고 3개월, 곧 있으면 만 3세가 되는 지금은 "안녕(아영~)", "잘자(자-자)" 등의 말을 상황에 맞게 복창할 수 있게 되었습니다. 아직 반향어는 없어지지 않았습니다. "엄마(어마)"라고 말은 하지만, 저를 부르고 싶을 때는 말 대신 몸을 잡아당깁니다.

하지만 아무리 반향어일지라도 식사 중에 "맛있어?"라고 물으면 "맛있어"라고 말해주는 딸이 무엇보다 큰 위로가 되고 있습니다.

부모와 아이가 함께 놀면서 요구표현을 배우다

도쿄도 거주 탄노 유 씨

우리 아이의 첫 말(발화)은 만 3세 때, 트램펄린에서 실컷 뛰면서 놀던 중 듣게 됐습니다. 아이가 트램펄린을 너무 좋아해서 혼자서도 잘 놀았는데, 제가 아이를 업은 채로 트램펄린에서 점프하면 크게 기뻐했습니다. 이것이 기회라고 생각해, 일단 뛰다가 멈추고 아이의 반응을 살펴봤습니다. 잠시 멈추니 아이가 "더 해주세요~"하는 느낌으로 매달리려고 하거나 제 등 위에서 점프하려는 듯이 몸을 흔들곤 했습니다. 거기서 제가 "하나~ 둘~ 셋!" 하고 말하면서 "셋!" 할 때 점프했습니다. 몇 번인가 반복했을 때 이번에는 "하나~ 둘~" 하고서는 말하는 것도, 움직임도 멈췄습니다. 그랬더니 아이가 "셋!" 하고 말해줬습니다. 물론 이때 저는 아이의 말에 맞춰 점프했습니다. 반향어가 아닌 의미가 있는 말로 처음으로 언어적인 의사소통이 가능했던 순간이었습니다. 너무 기뻐서 제 마음도 뛰었습니다.

실은 그때까지 요구표현으로 "주세요"를 처음 과제로 했었는데, 아이로부터 발화가 좀처럼 나오질 않았습니다. 뭔가를 바라는 것처럼 저의 손을 당길 때 "주세요"라고 힌트를 주고 그것을 음성으로 모방하게 하는 상태만 이어졌습니다.

그랬기 때문에 요구표현일지, 그저 따라 말한 것일지 모를 "셋!"이 우리 아이의 첫 발화였습니다. 물론 아직 수의 개념이 없었던 아이에게 있어서 "셋!"은 "점프해줘요"라는 요구표현이었을 것입니다.

몇 번이고 놀면서 음성 모방을 하게 했더니 서서히 "하나, 둘, 셋!"이라고 아이가 전부 다 말할 수 있게 되었습니다. 이것을 계기로 "업어줘", "가져와", "해줘", "도와줘" 등 서서히 새로운 요구표현을 늘릴 수 있었습니다.

지금은 "아빠, 업어줘"나 "딸기 요구르트 주세요"라고 확실히 전달할 수 있게 되었습니다. 요구의 내용, 방법, 그리고 요구할 상대를 넓히면서 가족과의 놀이나 관계를 즐길 수 있도록 성장시키고 싶습니다.

문장으로 말하기

배운 말을 조합해 2어문, 3어문으로 말하는 방법과
물건의 속성을 이해하고 구별하는 과제를 합니다.

문장과 개념의 형성

이번 Step의 큰 목표는 Step2에서 배운 물건의 이름이나 동작을 표현하는 말을 조합해서 "주스 주세요", "비행기가 날아요" 등의 2어문·3어문을 말할 수 있는 것입니다.

정상발달 아이들은 만 1세 반을 넘길 즈음부터 간단한 2어문을 말하기 시작합니다. 만 2세가 되면 단어를 자유자재로 조합하며 적절한 2어문·3어문을 말할 수 있게 됩니다.

반면, 자폐아이는 설령 단어를 말할 수 있게 되어도 그것을 조합해서 문장으로 만드는 것이 어렵습니다. 또 2어문·3어문을 유창하게 말하는 아이 중에도, 사실은 '지연 반향어(delayed echolalia)'라고 하는, 어딘가에서 기억한 구문을 반복해서 말하는 경우도 있습니다. 명사나 동사를 그 상황에 알맞게 조합하는 작업을 어려워하는 아이도 많습니다.

Step3에서는 단순히 구문을 기억하는 것에서 끝내지 않게 하기 위해 먼저 2어문의 지시를 듣고 구분하는 연습부터 시작합니다. "사과 먹어", "나무블록 쌓아"와 같은 '물건×지시'의 문장을 이해하는 연습을 같이 함으로써 자연스럽게 "사과를 먹어요", "나무블록을 쌓아요" 같은 '목적어+동사' 형태의 2어문 표출의 기초를 만듭니다.

이 Step의 또 한 가지 큰 목표는 색, 모양, 크기 등 물건의 속성을 이해하는 것입니다.

구체적인 물건이나 사람에게 이름이 있다는 것을 이해할 수 있더라도, 그 물건의 속성, 예를 들어 색이나 모양에도 이름이 있다는 것을 이해하는 것은 발달이 느린 아이에게는 어려운 과제입니다.

여기서는 ABA를 기반으로 알기 쉽게 가르치는 법을 소개합니다. 색이나 모양, '크다, 작다', '높다, 낮다' 등의 기본적인 형용사, 더 나아가

'위, 아래' 등의 위치 개념을 가르칩니다. 이 기초적인 추상개념을 익힘으로써 의사소통의 내용이 한 단계 풍족해질 수 있을 것입니다.

또 이외에도 대화 연습의 초기과제로 "이름이 뭐야?", "몇 살이야?"와 같은 사교적인 질문에 대답하는 것도 배웁니다. 더 본격적인 대화 연습은 다음 Step까지 기다려야 하겠지만, 극히 간단한 대답이라면 이 단계에서도 학습이 가능합니다.

복잡한 지시 이해하기

> **· 목표**
> Step1에서 학습한 '말로 하는 지시 따르기' 과제를 발전시켜 두 가지
> 요소를 포함하는 다소 복잡한 지시 따르기를 배웁니다. '물건 두 개
> 고르기', '두 가지 연속 지시', '물건×지시' 등의 과제가 있습니다.

프로그램 복잡한 지시 이해하기

(1) 물건 두 개 고르기

"○○랑 ○○줘"라는 지시를 듣고 여러 개의 물건 중에서 지시받은 두
개의 물건을 고를 수 있도록 합니다.

① 책상 위에 아이가 이름을 잘 알고 있는 물건 다섯 개를 나열합니
다. 아이가 봤을 때 오른쪽부터 컵, 휴대전화, 코끼리, 자동차, 빵을 나열
합니다.

② 아이와 마주 보고 앉습니다. 처음에는 어른이 물건의 이름을 한 개
말하고 아이가 그것을 집으면 그 다음에 다른 한 개를 말합니다.

예를 들어 먼저 "핸드폰"이라고 말하고 왼손을 내밉니다. 이때 손을
내미는 위치를 신경 써주세요. 손을 내미는 위치가 힌트가 되지 않도록

휴대전화 앞쪽이 아닌 책상의 가운데 부분에 손을 내밀도록 합니다.

아이가 휴대전화를 건네줄 것을 기다리고, 이번에는 "코끼리"라고 말하고 오른손을 내밉니다. 아이가 코끼리를 건네주면 강화해줍니다. 이것을 다양한 조합으로 연습합니다. 예를 들면 "컵, 자동차", "핸드폰, 빵"처럼 말입니다.

③ 다음에는 커다란 종이박스로 책상 위에 있는 물건을 모두 덮어서 가립니다. 이것은 물건이 눈에 보이면 헷갈릴 수 있고, 주의집중하는 데 방해가 될 수 있기 때문에 물건을 가려서 지시받은 두 가지 물건을 머릿속에 확실히 입력하기 위함입니다.

"핸드폰, 코끼리"라고 말하고, 종이박스를 빼고 양손을 내밉니다. 아이가 두 개 물건을 바르게 골라서 다 넘기면 강화해줍니다. 물건을 바르게 고르지 못하면, 다섯 개 물건이 다 보이는 상태에서 다시 한 번 "핸드

폰, 코끼리"라고 천천히 말하고 한 개씩 바르게 집어서 줄 수 있도록 촉구해줍니다. 잘하게 되면 상자의 사용을 없앱니다.

④ 서서히 지시를 자연스러운 어조로 바꿔봅니다. 먼저 "랑(이랑)"이라는 조사를 넣어서, 예를 들면 "핸드폰이랑 코끼리"라고 지시합니다. 그렇게 지시해도 바르게 고를 수 있게 되면, "핸드폰이랑 코끼리 줘"라고 더 자연스럽게 발전시킨 지시로 바꿔줍니다.

책상 위에 있는 물건을 두 개 고를 수 있게 되면 아이로부터 어느 정도 떨어진 곳에 몇 가지 물건을 놓고, "○○랑 ○○ 가지고 와"라고 지시하고 두 가지 물건을 가지고 오게 해봅시다.

(2) 두 가지 연속 지시

"~해, ~해"라는 연속된 두 가지 지시에 바르게 대응할 수 있도록 합니다. 처음에는 되도록 이해하기 쉽도록 여분의 말을 일절하지 않고 지시합니다. 예를 들어 "만세, 박수"라고만 지시합니다. 지시하는 동작도 '큰 동작 지시' 중에서 아이가 제일 잘하는 것으로 합니다.

① 먼저 어른이 "만세"라고 말하고 아이가 만세 동작을 취하기 기다렸다가 그 다음에 "박수"라고 말해서 박수하게 하고 칭찬해줍니다. 서서히 두 번째 지시를 빨리 말합니다. 마지막에는 아이의 손을 살포시 누르면서 "만세, 박수"라고 두 개 지시를 다 말하고 손을 놓는 식으로 진행합니다.

② 아이의 손을 잡고 한 번에 두 개의 지시를 할 때, 두 번째 동작만 하

는 경우에는 다음과 같은 촉구를 진행해주세요.

먼저, "만세, 박수"라고 다 말하고 아이에게서 손을 뗄 때, 즉각 다시 한 번 "마…"라고 첫 번째 지시의 첫 글자를 살짝 말해주는 방법이 있습니다. 또는 첫 번째 동작지시를 어른이 중간까지 보여주는 방법도 있습니다.

이런 방법으로 두 개의 지시를 다 실행할 수 있게 되면 서서히 촉구를 없애줍니다.

③ "만세, 박수"뿐 아니라 다양한 지시의 조합으로 연습합니다. 처음에는 첫 번째 동작을 같은 것으로 해서, "만세, 박수", "만세, 빠이빠이". "만세, 쿨쿨~(자는 시늉)"과 같이 두 번째 동작만 바꿔줍니다. 그러면서 점차 "머리, 볼(머리, 볼의 순서로 양손으로 만져줍니다)"처럼 앞 동작도 바꿔줍니다.

④ 서서히 지시하는 어조를 자연스러운 어조로 바꿉니다. 예를 들어 "만세하고 박수쳐"처럼 말입니다. 또 다음에 설명할 '물건×지시'를 할 수 있게 되면 그것을 조합해서 생활이나 놀이상황에서도 도움이 될 만한 지시를 늘립니다.

예를 들어 "사과를 자르고, 접시에 올려"처럼 다양하게 지시를 변형시키며 늘려갑니다.

(3) 물건 × 지시

"사과 먹어", "나무블록 들어"처럼 복수의 물건과 복수의 지시를 조합한 말을 따르게 합니다. 아이는 물건의 이름과 지시, 두 가지를 다 듣지 않으면 안 됩니다.

① 사전에 '물건에 관한 지시(106페이지 참조)'의 복습을 하고, 한 가지 물건(예를 들어, 장난감 사과)을 가지고 "두드려봐", "흔들어봐", "냠냠(먹어봐)", "던져" 등 지시에 맞게 따르는지 확인합니다.

② 책상 위에 두 가지 물건, 예를 들어 사과와 나무블록을 올려놓습니다. "사과"라고 어른이 말하고 아이가 사과 쪽으로 손을 뻗으면 "두드려"라고 말합니다. 아이가 사과를 두드리면 강화합니다.

나무블록도 같은 방법으로 "나무블록"이라고 말하고 아이가 나무블록 쪽으로 손을 뻗을 때 "흔들어" 등의 지시를 합니다.

③ 서서히 물건의 이름을 말하고 지시를 말할 때까지의 시간을 짧게 하면서 "사과, 냠냠"이라고 연속으로 말해봅니다. 이때 사과와 나무블록에 관한 지시를 너무 일관되게 번갈아가면서 지시하지 않도록 주의해주세요. 무작위로 선택해서 지시해주세요.

④ 지시할 때의 어조를 서서히 자연스럽게 바꿔갑니다. 예를 들어 '을(를)'을 붙여서 "장난감을 정리해"라고 말하거나 "구두를 신어"라고 제대로 된 문장으로 바꿉니다.

(4) 그 외

이 Step 후반에는 색, 모양, 크기, 소유(엄마의 구두) 등 다양한 형용사나 개념을 가르칠 것입니다. 이 개념을 아이가 습득하게 되면 이어서

'형용사(개념)+명사' 조합의 말을 듣고 이해할 수 있는 연습을 합시다. 예를 들어 "노란 자동차", "동그란 나무블록", "큰 코끼리" 등의 지시를 듣고 몇 가지 물건 중에서 바른 물건을 선택할 수 있게 합니다.

사회적인 응답

> **• 목표**
>
> 이름이나 나이를 물었을 때 대답하거나, "자, 여있어(물건 등을 건넬 때)"라는 말에는 "고맙습니다"라고 말하는 등의 극히 간단한 응답을 가르칩니다.

프로그램 **사회적인 응답**

(1) 정해진 질문의 대답

아이들은 친숙한 어른으로부터 "이름이 뭐야?", "몇 살이야?" 등의 질문을 받을 때가 많습니다. 이렇게 정해진 질문에 대한 대답을 가르치는 것은 그렇게 어려운 일은 아닙니다. 본격적인 대화 연습을 하기 전에 지금 단계에서 가르치기 시작하면 좋습니다.

[이름이 뭐야?]

질문에 대답하는 '응답하기'를 가르칠 때는 먼저 답을 말해주고 그것을 따라 하도록 촉구하는 것부터 시작합니다. 이것은 질문부터 가르쳐 주면 아이들이 질문을 반향어처럼 따라 말하는 경우가 많기 때문입니다. 답을 말할 수 있게 된 다음에 질문을 도입하는 것이 요령입니다.

① 아이의 이름(예를 들어 '김준영')을 말하고 따라 하도록 촉구합니다.

어른: "말해봐, 김준영"

아이: "김준영"

어른: "잘했어"

와 같은 방식입니다.

② 질문을 도입합니다. 처음에는 질문이 거의 들리지 않을 정도로 작은 목소리로 질문하고, 반면에 대답은 잘 들릴 수 있도록 큰소리로 말합니다. "(작은 소리로) 이름이 뭐야? (정확한 발음으로) 김준영"과 같은 방식입니다. 아이가 '김준영'만 따라 하면 강화합니다. 그러나 아이가 "이름이 뭐야?"부터 따라 하면 전단계로 돌아가서 대답만 말하게 합니다. 여러 번 강화해준 뒤에 다시 신중하게 질문을 도입해보세요. 대답만 따라 하면 서서히 질문을 큰 목소리로 말합니다.

③ 그것과 함께 점점 아이의 이름을 말하지 않는 쪽으로 합니다. 예를 들어 "이름이 뭐야? 기…ㅁ…" 하고 아이 이름의 첫 글자만 말해줍니다. 아이가 "김준영"이라고 말하면 충분히 강화해줍니다. 그 다음에는 "이름이 뭐야?"라고 묻고 '김'의 입모양만 하고 보여줍니다. 마지막에는 그것도 없애고 "이름이 뭐야?"라고 묻기만 합니다.

[몇 살이야?]

이름 다음에는 나이를 말할 수 있게 합시다. "몇 살이야?"라는 물음에 "세 살"이라고 말할 수 있게 하는 것입니다.

방법은 같습니다. 처음에는 대답만 말해서 따라 하도록 촉구하고 그 다음에 서서히 질문을 도입합니다.

[질문의 구별]

"이름이 뭐야?", "몇 살이야?"라는 두 가지 질문에 대해 대답하는 것을 가르쳤으면 이번에는 두 개 질문을 구별하는 방법을 가르칩니다. 그러기 위해서는 랜덤 로테이션을 시행할 필요가 있습니다. "이름이 뭐야?"와 "몇 살이야?"의 두 가지 질문의 순서를 불규칙하게 묻고 처음에는 촉구를 하면서 바르게 응답할 수 있도록 연습합니다.

이 단계에서 구별을 잘할 수 없어도 다음 단계에서 본격적인 질문의 구별을 가르칠 것이기 때문에 괜찮습니다. 구별이 안 되는 경우는 우선적으로 "이름이 뭐야?"를 먼저하고, "몇 살이야?"를 그 다음에 묻는 순서로 고정되게 물어봅니다.

[그 외의 질문]

이외에도 아이가 자주 받는 질문으로는 "무슨 반이야?", "어디 유치원 다녀?", "선생님 이름이 뭐야?" 등이 있습니다. 앞서 설명한 것과 같은 방식으로 조금씩 대답할 수 있는 질문의 레퍼토리를 늘려갑시다.

(2) 사회적인 응답

"자, (여깄어)"에는 "고맙습니다", "다녀왔습니다"에는 "다녀오셨어요

(어서와)"라고 하는 것처럼 사회적으로 정해진 말들이 있습니다. 이것도 정해진 질문에 대답하는 것과 같은 방법으로 가르칩니다.

[고맙습니다.]

"자, (여깄어)"라고 누군가가 물건을 전해주면서 말할 때 "고마워"라고 말하는 것을 가르칩니다.

① 먼저 아이에게 물건을 건네면서 어른이 "고마워"라고 말하고 "고마워"를 따라 하도록 촉구합니다.

② 잘하게 되면 작고 빠르게 "자"라고 말하고, 그 다음에 곧바로 큰소리로 "고마워"라고 말합니다. 아이가 "고마워"만 따라 하면 강화해줍니다.

"자"도 같이 따라 하면, "자"를 더욱 더 작은 목소리로 말합니다. 그래도 따라 하면 ①로 돌아가서 연습하고, 다시 한 번 작은 목소리로 "자"를 추가해봅니다.

③ "자"를 점점 큰 목소리로 말합니다. 그것과 동시에 "고마워"를 중간 정도까지만 말하도록 하고(예를 들어 "자, 고마⋯"), 최종적으로는 '고마워'를 전혀 말하지 않습니다. ("자", "고마워"의 학습에 대해서는 198페이지를 참고해주세요.)

[그 외의 응답]

같은 방법으로, "다녀왔습니다" → "어서와(다녀오셨어요)", "다녀오세요" → "다녀오겠습니다", "미안해" → "괜찮아", "빌려줘" → "그래" 등의 간단한 응답을 가르칠 수 있습니다.

물건의 속성

> **· 목표**
> 색, 모양, 크기(대소), 위치 등의 기본적인 물건의 속성을 가르칩니다.
> 이 단계에는 제법 어려운 과제도 포함되어 있기 때문에, 다음 단계
> 이후의 프로그램과 병행해서 장기적으로 연습해주세요.

프로그램 **물건의 속성**

(1) 모양

이 단계에서는 동그라미, 세모, 네모, 별, 십자가, 하트 등 5~6가지 종류의 모양을 가르칩니다. 정사각형 모양의 두꺼운 종이에 매직으로 각각의 모양을 그린 '모양카드'를 만들어 교재로 사용합니다. 모양카드만으로 이해하기 힘들어하는 것 같으면 더 이해하기 쉽도록 두꺼운 종이를 모양대로 오려서 색을 칠하거나, 각 모양으로 나온 나무블록을 사용해주세요.

[수용적 이름 말하기]

가르치는 방법은 Step2의 '물건의 이름 말하기(129페이지 참조)'와 같

습니다. 예를 들어 처음에는 동그라미와 별 카드를 나열하고, 수용적 이름 말하기 연습부터 시작합니다. '동그라미'라고 말하면 동그라미 카드를, '별'이라고 말하면 별 카드를 고르도록 촉구합니다. 처음의 두 가지 모양을 랜덤 로테이션으로 성공하면 다른 모양을 한 개씩 추가해 갑니다.

세모와 네모의 구별은 어려운 과제이므로 당분간 가르쳐보고 구별을 어려워하면 뒤로 미루고 다른 모양을 먼저 가르칩니다.

[표현적 이름 말하기]

동그라미와 별의 수용적 이름 말하기가 가능해지면 "무슨 모양이야?"라고 묻고 "동그라미", 혹은 "별"이라고 대답하는 연습도 합니다. 다른 모양도 같은 방법으로 합니다.

(2) 색

색은 빨강, 노랑, 파랑, 초록, 분홍, 검정, 흰색의 일곱 가지 색 정도를 목표로 합시다. 다양한 색의 카드를 준비합니다. 색종이를 적당한 크기로 오려서 두꺼운 종이에 붙여도 괜찮습니다. 가르치는 방법은 '모양'과 같습니다.

통상적 방법으로도 좀처럼 색을 이해하지 못하는 아이의 경우에는 아래와 같은 방법을 시도해봅시다.

먼저 **빨간 사과**, 노란 바나나, 초록 나뭇잎의 그림이 그려진 세 장의

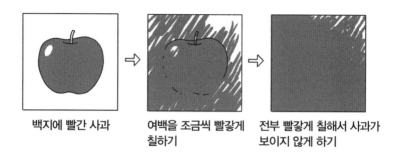

백지에 빨간 사과   여백을 조금씩 빨갛게   전부 빨갛게 칠해서 사과가
                                칠하기   보이지 않게 하기

카드를 준비합니다. 어른이 "빨간 사과", "노란 바나나", "초록 나뭇잎"
이라고 지시하고, 아이가 그 카드를 선택하도록 촉구합니다.

잘하게 되면 서서히 빨간 사과의 주변을 빨갛게 색칠합니다. 바나나
카드는 노랗게, 나뭇잎 카드는 초록색으로 칠합니다. 그와 동시에 처음
에는 "빨간 사과"라고 말했던 것을 "빨…"만 말하도록 합니다. 노란색,
초록색도 마찬가지입니다.

그렇게 하면 어느새 빨갛게 칠한 카드를 어른이 말하는 "빨강"을 듣
고 선택할 수 있게 될 것입니다.

(3) 기본적인 형용사

'크다, 작다', '많다, 적다', '길다, 짧다', '높다, 낮다', '뜨겁다, 차갑
다', '무겁다, 가볍다' 등의 기본적인 형용사를 가르칩니다.

[크다, 작다]

먼저 '크다, 작다'부터 시작합니다. 모양과 색이 같고 크기만 확실하

게 다른 교재를 준비합니다. 여기서는 큰 곰인형과 작은 곰인형을 예로 들어 설명하겠습니다.

① 어른이 "큰 거"라고 말하고 아이가 큰 곰인형을 만지도록 촉구합니다. 다음으로 "작은 거"라고 말하고 작은 곰인형을 만지도록 촉구합니다. 여러 번씩 교대로 연습하면서 촉구를 서서히 줄여가고, 상황을 보면서 랜덤 로테이션을 이행시켜 주세요.

② 수용적 이름 말하기를 잘할 수 있게 되면 표현적 이름 말하기를 가르칩니다. 어른이 큰 곰인형을 가리키면서 "이건?"이라고 묻고 아이가 "큰 거"라고 말할 수 있도록 촉구합니다. "작은 거"도 같은 방법으로 합니다. 서서히 촉구를 없앱니다.

③ 처음 사용한 교재로 '크다, 작다'의 구별을 할 수 있게 되면 다양한 물건으로 응용해 봅시다. 또 처음에는 "큰 거, 작은 거"만 말했지만 익숙해지면, "큰 곰인형, 작은 숟가락"처럼 물건의 이름을 붙여서 말해도 바르게 선택할 수 있도록 합니다.

④ 세 개 이상의 물건으로 상대적인 크기도 구별하도록 가르칩니다. 예를 들어 크기가 다른 5개의 상자(큰 순서대로 A~E라고 하겠습니다)를 준비해서, A와 D, B와 E 등 다양하게 두 개씩 묶어서 크기를 비교하게 합니다.

[그 외의 형용사]

'많다, 적다', '높다, 낮다', '길다, 짧다' 등 다른 형용사도 '크다, 작다'와 같은 방법으로 가르칩니다. 단, '뜨겁다, 차갑다', '무겁다, 가볍다'처럼 눈으로 보기에 차이가 잘 구별되지 않는 것들은 난이도가 높습니다.

예를 들어 '뜨겁다, 차갑다'를 할 때는, 완전히 같은 유리컵을 두 개 준비하고, 한 컵에는 따뜻한 물을, 다른 한 컵에는 차가운 물을 넣습니다. (화상을 입을 정도의 뜨거운 물은 위험하므로 절대로 사용하지 마세요.)

두 개의 컵을 바깥쪽에서 만져보든가, 컵 안쪽의 물을 살짝만 만져보게 지시합니다. 물의 온도 차이를 이해하는 것 같으면 '뜨거워'라고 지시하고 따뜻한 물이 든 컵을 선택하도록 촉구합니다. '차가워'도 같은 방법으로 합니다.

[일상생활]

색이나 모양, 기본적인 형용사를 이해할 수 있게 되면 일상생활에도 조금씩 적용해주세요. 예를 들어 목욕할 때는 '뜨거워', '차가워'의 연습을 하기 딱 좋습니다. 간식시간에는 여러 색의 젤리나 사탕을 준비하고, "다음엔 무슨 색으로 먹을래?"라고 물으면서 색을 이용한 요구표현을 연습할 수 있습니다.

(4) 위치

위, 아래, 가운데, 앞, 뒤, 옆 등의 위치와 방향의 개념을 가르칩니다. 위, 아래, 가운데는 비교적 가르치기 쉽지만, 앞, 뒤, 옆을 상황에 맞게 적절히 이해하는 것은 좀처럼 쉽지 않습니다. 이 단계에서 완전하게 마스터하지 못해도 괜찮으므로 무리하지 않는 선에서 시행해주세요.

[자기 기준에서의 상하 개념]

① 아이에게 깃발이나 마라카스 등 잡고 있기 쉬운 물건을 잡게 합니다. 이때 물건을 아래쪽으로 늘어뜨려 잡고 있는 것이 아니라, 팔꿈치를 꺾어서 자신의 가슴이나 어깨 정도 높이로 들고 있을 수 있게 합니다. 어른도 같은 물건을 같은 방법으로 들고 있습니다.

② 어른이 "위"라고 지시하고 곧바로 어른이 들고 있는 물건을 높이 듭니다. 아이가 따라 하면 강화해줍니다. 같은 방법으로 "아래"라고 말하고 들고 있는 물건을 아래쪽으로 내립니다. 아이가 따라 하면 강화해줍니다.

③ 서서히 촉구를 없애고 랜덤 로테이션으로 시행해서 '위', '아래'를 구별할 수 있도록 합니다.

[물건을 기준으로 한 위치 개념]

이번에는 책상이나 의자 등의 물건을 기준으로 하는 상하 개념을 가르칩시다.

아이로부터 조금 떨어진 곳에 책상을 놓습니다. 아이에게 바나나 등의 물건을 주고, "위" 하고 지시합니다. 아이가 책상 위에 물건을 올리도록 촉구합니다.

같은 방법으로 "아래"라고 지시하고, 책상 아래에 물건을 놓게 합니다. 랜덤 로테이션으로 위와 아래를 구별하도록 합니다. 수용언어로 '위'와 '아래'가 구별되면 "어디?"라고 묻고 "위", "아래"라고 대답하게 합시다.

위와 아래를 구별할 수 있게 되면 이번에는 옆을 가르칩니다. 아이에게 물건을 주고 "옆"이라고 지시하고 책상 옆의 바닥에 물건을 놓도록 촉구합니다. 같은 방법으로 '앞'은 책상 앞쪽의 바닥에, '뒤'는 책상 뒤쪽의 바닥에 물건을 놓도록 합니다. 지시만으로 구별할 수 있게 되면 이번에는 "어디야?"라고 묻고 '옆', '앞', '뒤'라고 대답하게 합니다.

여기서 가르치는 앞, 뒤는 아이가 기준이 될 때입니다. 익숙해지면 아이가 있는 위치를 무작위로 바꿔가며 시도해보면 좋겠습니다.

책상을 기준으로 하는 위치를 가르칠 때는 다른 물건으로 일반화시킵니다. 예를 들어 책상 위에 상자를 주고, '위', '옆', '앞', '뒤'라고 지시했을 때 각각 상자의 위, 옆, 앞, 뒤에 물건을 놓도록 합니다. 조금 어렵겠지만, "아래"라고 지시하면 상자를 들고 그 아래에 물건을 놓도록 지도합니다. 또한, '안'이라고 지시하면 상자의 뚜껑을 열고 그 안에 물건을 넣을 수 있도록 지도합니다.

그리고 물건을 말한 장소에 놓는 것뿐이 아닌, 아이가 스스로 그 장소로 가는 것도 지도합니다. 예를 들어 "의자 위"라고 지시하고, 곧바로 어른이 의자 위에 서고, 아이도 따라 하도록 촉구합니다. "책상 아래", "냉장고 옆" 등 여러 장소를 이용해봅시다.

[물건 × 위치]

복수의 물건을 아이 앞에 놓고, '물건×위치'의 지시를 합니다. 예를 들어 아이 앞에 책상과 의자를 놓고, 아이에게 어떤 물건을 주고, "책상 옆", "의자 뒤" 등의 지시를 합니다. 아이는 물건과 위치의 양쪽을 변별해서 들고, 그 장소에 물건을 놓을 수 있게 됩니다.

같은 방법으로 '사람×위치'도 연습합시다. 예를 들어 아빠와 할머니를 조금 떨어진 곳에 앉게 하고, 아이에게 "아빠 앞", "할머니 옆"과 같이 지시하고 아이가 그 위치에 갈 수 있도록 합니다.

[물건 고유의 위치]

지금까지는 '앞'이라고 말하면 '아이가 볼 때 눈 앞'이라는 의미로 사용해왔지만, 예를 들어 자동차처럼 그 물건에 정해진 앞뒤가 있는 경우가 있습니다. "자동차 앞"이라고 하면 자동차가 옆으로 서 있어도 그 자동차의 헤드라이트가 있는 쪽으로 물건을 놓도록 합니다. 지금까지 가르친 것과 혼동하기 쉽고, 어려운 과제이므로 신중하게 가르쳐주세요.

Step3

2어문·3어문

> **• 목표**
>
> 지금까지 배운 명사나 동사를 사용해서, 간단한 2어문·3어문을 구성하는 것을 가르칩니다. 처음에는 '이가'나 '을/를' 등의 조사를 생략한 명사나 동사만으로 문장을 만들면 아이에게 부담이 덜 되므로 한결 습득하기 쉽습니다.

프로그램 **2어문·3어문**

(1) '요구'의 2어문

"주스 줘", "문 열어줘" 등 요구를 표현하는 2어문을 가르칩니다.

지금까지는 "주스" 혹은 "열어" 등 1어문으로 말해도 요구를 들어줬지만, 이제부터는 "주스 줘(주세요)", "문 열어(주세요)"라고 어른이 말하고 아이가 따라 하도록 촉구합니다.

일상생활에서 좀처럼 정착이 잘 되지 않는 경우는 시간을 가지고 특별히 더 연습을 합시다.

책상 위에 아이가 좋아하는 물건, 예를 들어 주스와 초콜릿과 귤을 나열합니다. 아이가 주스 쪽으로 손을 뻗으면, 제지하고 "주스 줘"라고 말하도록 촉구합니다. 말하면 주스를 조금 줍니다. 다른 물건도 같은 방법으로 합니다. 점점 "주스 주" 하고 문장의 첫말만 말하는 식으로 촉구를 줄여갑니다. 최종적으로 촉구를 없앱니다. 초콜릿이나 귤도 같은 방법으로 합니다.

이렇게 해도 요구의 2어문을 잘 사용하지 못하면 (3)의 '서술적 2어문'을 먼저 연습해도 좋습니다.

(2) '요구'의 3어문

요구의 2어문이 정착되면, "엄마, 주스 줘(주세요)", "아빠, 밖에 나가(요)"처럼 상대의 이름을 먼저 부르고, 3어문으로 말할 수 있도록 지도합니다.

아빠를 부를 때 "엄마"라고 부르거나, 상대방의 호칭을 잘못 부를 때는 다음과 같은 연습을 해봅시다.

아빠와 엄마가 나란히 앉고, 먼저 엄마가 과자를 보여줍니다. 아이에게 "엄마, 과자 줘"라고 말하도록 촉구합니다. 다음으로는 아빠가 과자를 들고 보여줍니다. 아이에게 "아빠, 과자 줘"라고 말하게 촉구하고 잘말하면 과자를 줍니다.

이것을 불규칙하게 반복합니다. 사람의 호칭을 틀리면 과자는 주지않습니다. 그 대신 다음 시행에서는 정확하게 말하도록 촉구해줍니다.

(3) 서술적 2어문

"사과, 먹고 있어", "비행기, 날아" 등 사물의 상태를 표현하는 서술적 2어문을 가르칩니다.

[목적어+동사]

먼저 "사과, 먹어요", "나무블록, 쌓아요" 같은 '목적어+동사' 형식의 2어문을 가르칩니다.

가족 중 누군가가 모델이 돼서 물건을 사용한 다양한 동작의 사진을 찍어서 카드로 만듭니다. 예를 들어 엄마가 모델이 되어서 사과를 먹고 있는 사진, 귤을 먹고 있는 사진, 사과를 자르고 있는 사진, 귤을 자르고 있는 사진을 찍습니다.

먼저, 사과를 먹고 있는 사진과 귤을 먹고 있는 사진을 나열하고, "사과, 먹어요", "귤, 먹어요"라고 어른이 말하고, 아이가 알맞은 카드를 선택하도록 연습합니다. 가능해지면 다음에는 카드를 선택한 직후에 그 카드를 들고, "이건 뭐야?"라고 묻습니다. 아이가 "사과, 먹어요", "귤, 먹어요"라고 말할 수 있게 되면 성공입니다.

다음으로 사과를 자르고 있는 사진과 귤을 자르고 있는 사진을 나열하고 같은 방법으로 선택하는 연습을 하고 난 뒤, "이건 뭐야?" 하고 카드를 들고 묻고, "사과, 잘라요"라고 알맞게 말할 수 있도록 합니다.

마지막으로 4장 모두를 나열하고, 수용적으로 알맞게 선택할 수 있는지 확인합니다. 그 다음에 같은 방법으로 "이건 뭐야?"라고 묻고 '명사+

동사'의 형태로 말할 수 있게 될 때까지 연습합니다. 잘할 수 있게 되면 선택한 직후가 아닌, 갑자기 어떤 카드를 들고 아이에게 보여주면서 "이건 뭐야?"라고 묻고, 2어문으로 바르게 서술할 수 있도록 합니다.

카드로 할 수 있게 되면, 이전에 했던 '물건×지시'를 이용해, 아이 앞에 과일 모형을 나열하고 "사과, 먹어", "귤, 잘라" 등의 지시를 합니다. 아이가 그 동작을 할 때 "뭐하고 있어?"라고 묻고 아이에게 "사과, 먹고 있어"처럼 2어문으로 대답할 수 있도록 촉구합니다.

[주어+동사]

"아빠, 자(요)", "자동차, 달려(요)" 등의 '주어+동사'의 2어문도 같은 방법으로 가르칩니다.

먼저 아빠나 엄마가 자고 있는 사진이나 자동차가 달리고 있는 사진 등을 찍고 카드로 만든 뒤, 그 카드를 사용해 수용과 표출의 연습을 합니다.

"아빠, 자"라고 어른이 말하고, 아이에게 해당하는 사진을 고르게 합니다. 바르게 고르면 강화하고, "이건 뭐야?"라고 묻고 "아빠, 자"라고 대답하도록 촉구합니다.

탈것이나 동물 모형도 활용합니다. 예를 들어 책상에 코끼리, 기린, 공룡 등을 놓습니다. 아이에게 "코끼리, 달려"라고 지시합니다. 그리고 아이에게 코끼리를 달리게 하는 흉내를 내도록 돕습니다. 아이에게 "뭐하고 있어?"라고 묻고, "코끼리, 달려"라고 말하면 성공입니다.

(4) 서술적 3어문

"아빠, 사과, 먹어(요)", "엄마, 책, 읽어(요)" 등의 서술적 3어문도 같은 방법으로 사진카드를 사용해 연습합니다. 예를 들어 아빠, 엄마, 형이 각각 사과를 먹고 있는 사진을 찍고 카드로 만듭니다. 그리고 "아빠, 사과, 먹어", "엄마, 사과, 먹어", "형, 사과, 먹어"라고 어른이 말하고 아이가 알맞은 사진을 고르게 하고, 잘하면 선택한 카드를 3어문으로 설명하도록 지도합니다.

표정·감정 표현하기

> **• 목표**
>
> 자신의 감정을 전달하고, 사람의 표정을 보고 그 사람의 감정을 읽는 것은 중요한 의사소통 스킬 중 하나입니다. 여기서는 첫 단계로, '웃다', '울다', '화내다'의 전형적인 표정을 구분할 수 있도록 합니다. 또 '기쁘다', '슬프다'처럼 감정을 표현하는 말을 가르칩니다.

프로그램 **표정·감정 표현하기**

(1) 표정

'웃다', '울다', '화내다'라는 세 가지 표정을 구별하고 그것을 말로 표현할 수 있도록 합시다.

[표정과 동작에 관한 모방과 지시 따르기]

먼저 지시를 받고 흉내를 내는 것부터 가르칩니다. '웃다'라고 지시하고, "아하하하하"라고 과장되게 웃는 모습을 보여주고 따라 하도록 촉구합니다. '울다'는 양손을 눈에 대고 "잉~~잉~~" 하며 우는 시늉을 합니다. '화내다'는 팔짱을 끼고 미간을 찌푸리거나 입을 삐쭉 내밉니다.

[표정과 동작의 표현적 이름 말하기]

모방과 지시 따르기가 되면 이번에는 어른이 세 가지 표정 중 한 가지를 직접 보여주며 "뭐하고 있어?"라고 묻고 대답하도록 합니다.

[표정 카드의 분류]

이렇게 전형적인 '웃다' 표정이나 '울다' 표정의 이름을 말할 수 있게 된다 해도, 실제 사람의 표정은 좀 더 미묘하고 다채롭습니다. 다른 사람의 표정을 분별하기 위한 하나의 방법으로 다양한 표정의 사람 사진을 찍어두고, 그것을 카드로 만들어서 '웃어요' 사진이나 '울어요' 사진끼리 매칭하는 것을 가르칩니다.

사진은 가족에게 부탁해서 다양한 표정을 찍습니다. 같은 '웃어요' 표정이어도 입을 크게 벌리고 웃거나, 입은 다문 채 미소 짓거나, 입을 작게 열고 웃는 등 다양한 웃는 표정을 찍을 수 있을 것입니다. '울어요', '화나요'도 마찬가지입니다.

같은 표정의 사진들 중에 가장 전형적으로 알기 쉬운 사진을 골라서 책상 위에 놓습니다. 또 다른 한 장의 전형적인 사진을 고르고, "같은 것끼리 놔"라고 말합니다. 같은 표정의 사진 위에 그 사진을 겹치게 놓으면 성공입니다.

전형적인 사진부터 서서히 난이도를 높여 점점 구분하기 어려운 사진으로 이행합니다. 망설이고 있을 때는 촉구로 도와줍니다.

[표정 카드의 이름 말하기]

표정 카드의 분류를 할 수 있게 되면 그 카드의 이름을 말할 수 있도록 합니다.

예를 들어 '웃어요' 카드 묶음과 '울어요' 카드 묶음을 놓고 어른이 '웃어요'라고 말하고 아이는 '웃어요' 카드를 선택하게 합니다. 잘하게 되면 '웃어요' 카드 중 한 장을 들고, "뭐하고 있어?"라고 묻고 "웃어요"라고 말할 수 있도록 지도합니다. 가능하게 되면 실제로 여러 사람의 표정을 "뭐하고 있어?"라고 묻고 답하는 연습을 합시다.

(2) 감정

표정에 이어 '기뻐요', '슬퍼요'라는 감정을 표현하는 말을 가르칩시다.

감정카드의 예

[감정에 관한 수용과 표출]

같은 사람이 웃고 있는 카드와 울고 있는 카드를 나열합니다. 먼저 "웃어요", "울어요"라고 말하고 알맞은 카드를 선택하는지 확인합니다.

그런 다음에 "기뻐요"라고 말하고, 곧바로 웃고 있는 카드를 포인팅 해서, 그 카드를 고를 수 있도록 촉구합니다. 같은 방법으로 "슬퍼요"라고 말하고 울고 있는 카드를 선택하도록 촉구해주세요. 서서히 촉구를 없앱니다.

촉구 없이도 알맞게 선택할 수 있게 되면 그 다음에는 웃고 있는 카드를 보여주고 "뭐하고 있어?"라고 묻습니다. 아이가 "웃어요"라고 말하면 "응, 맞아"라고 말하고 "어떤 기분이야?"라고 묻습니다. 곧바로 촉구하면서 "기뻐요"라고 말하게 합니다.

'슬퍼요'도 같은 방법으로 합니다. 누군가가 울고 있는 사진을 보여주고 "뭐하고 있어?", "울어요"라고 말하면 "어떤 기분이야?"라고 묻고 "슬퍼요"라고 말하게 합니다.

한편, '화나요'는 표정도 감정도 같은 말이기 때문에 구별할 필요가 없습니다.

[감정카드]

'슬퍼요' 표정은 반드시 울고 있다고 한정지을 수 없습니다. 때문에 지금까지 사용한 표정 카드에 좀더 미묘한 '슬퍼요' 얼굴, '기뻐요' 얼굴을 더해서 '감정카드'를 만듭니다. 그리고 '기뻐요' 얼굴끼리, '슬퍼요' 얼굴끼리 모으게 하거나, "어떤 기분이야?"라고 묻고 "기뻐요"라고 대답할 수 있도록 합니다.

[자신의 기분 표현하기]

아이가 기뻐하는 듯한 행동을 하고 있을 때나 슬퍼하는 듯한 행동을 할 때를 겨냥해서 기회를 놓치지 말고 "어떤 기분이야?"라고 묻고 "기뻐요", "슬퍼요"라고 대답할 수 있도록 지도합시다.

Step3

사회적인 기초 대화를 가르치다

치바현 거주 가타야마 유코 씨

우리 아이는 만 3세부터 유치원에 갔습니다. 유치원 입학 전 면접에 대비해 이름과 나이를 물었을 때의 대답을 집중적으로 가르쳤습니다. "이건 뭐야?"라고 물으면 "사과"라고 말하게 하는 방법으로 학습시켰습니다. "몇 살이야?", "몇 살?"처럼 같은 질문이지만 말투가 다른 질문에는 한 가지 종류로 한정시켜서 가르쳤습니다. 인지가 올라가면서 같은 질문도 다양하게 질문할 수 있다는 것을 자연스럽게 이해하게 된 것 같았습니다. 이름에 대해서는, 이름 다음에 "입니다"를 붙여서 대답할 수 있을 정도로 여유가 생긴 뒤에 성까지 붙이는 것을 가르쳤습니다.

"자" → "고맙습니다"의 응답도 마찬가지입니다. "자"라고 들으면 반사적으로 "고맙습니다"라고 말할 수 있을 정도로 연습했습니다. 우리 아이는 "고맙습니다 해야지"라고 촉구하면 "고맙습니다 해야지" 하고 그대로 따라 했기 때문에 조사가 붙는 말들은 일단 조사를 전부 빼고 지도했습니다. "고" 입모양을 하고 아이에게 보여주면서 촉구할 때도 있었습니다. 또한 처음에는 일방적으로만 가르쳤습니다. 아이는 항상 수동적인 쪽("고맙습니다"라고 말하는 쪽)이었습니다. 이렇게 익숙해진 뒤에 역할을 교대했습니다.

"다녀왔습니다" → "다녀오셨어요"도 같은 방법으로 가르쳤는데 이렇게 상황에 따라 달라지는 인삿말에 관해서는 글을 읽을 수 있게 됐을 때 더 습득이 자연스러울 것 같다는 생각도 들었습니다.

처음에 아이는 "다녀오셨어요"라고 말하면서 돌아온 적이 있었습니다. 그래서 현관문 반대쪽 벽에 '다녀왔습니다'('왔' 부분에 동그라미를 치거나 색을 다르게 해서 강조)라고 써서 붙이고, 현관 쪽에는 '다녀오셨어요'('오' 부분을 똑같이 강조)라고 써서 붙여뒀습니다. 그리고 귀가할 때는 "다녀왔습니다"를, 맞이하러 갈 때는 "다녀오셨어요"를 보여주며 상황에 맞는 인사를 하는 연습을 꾸준히 이어갔습니다.

글자 중 한 글자를 강조한 이유는, 당시 우리 아이는 몇 글자씩 합쳐져 있으면 또박또박 읽지 못하고 뒤로 갈수록 마음대로 읽는 경향이 있었기 때문입니다. 어느 정도 유창하게 읽을 수 있게 되었을 때, "다녀오세요" → "다녀오겠습니다"도 같은 방법으로 가르쳤습니다. 이것을 계속 연습하다 보니, 상황에 따라 달라지는 인사말의 과제도 완벽하게 마스터했습니다.

'뜨거워', '차가워'를 경험시키며 가르치다

도쿄도 거주 사이토 유미코 씨(가명)

'뜨거워'를 가르치다

이 과제를 시작한 것은 단어의 표출이 50개를 넘기고, 정확한 발음은 아니더라도 소리 모방이 나오기 시작한 만 2세 8개월 즈음이었습니다.

이 무렵 아들은 식사시간에 식탁 위 뜨거운 국이나 커피에 손을 뻗거나, 외출했을 땐 난로에 흥미를 갖고 만지려고 하는 등 '뜨거운 것'이 위험하다는 사실을 이해하지 못했습니다. 그래서 뜨거운 것을 만지거나 먹거나 마시면 기분이 좋지 않다는 것을 이해시키기 위해 '뜨거워'를 가르치기로 마음먹었습니다.

아들은 패스트푸드점의 감자튀김을 매우 좋아했기 때문에 갓 튀긴 감자튀김을 이용해 '뜨거워'를 가르쳤습니다. '뜨거워'를 가르치기 전까지는 감자튀김을 조금 식혀서 주고 있었는데, 이때는 갓 튀긴 감자튀김을 줘서 아이가 먹어보도록 했습니다.

당연히 아들은 감자튀김이 너무 뜨거워 얼른 뱉었습니다. 그때 저는 옆에서 "감자 뜨겁네, 뜨거워"라고 말을 했고, 아들에게도 "뜨거워"라고 말하게 했습니다. 그리고 "아직 뜨거우니까 식으면 맛있게 감자튀김 먹자"라고 말하고, 뜨거운 것은 맛있게 먹을 수 없다는 것을 가르쳤습니다.

처음에는 정말 좋아하는 감자튀김이 눈앞에 있는데 먹을 수 없으니 짜증도 내고 울기도 했습니다. 그러면서 손을 뻗어 뜨거운 감자튀김을 입에 넣고는 뱉는 것을 반복했습니다. 저도 아이가 화를 내거나 감자튀김을 던지는 행동을 막기가 힘들었습니다.

하지만 이것을 며칠 반복하다 보니 감자튀김이 뜨거우면 맛있게 먹을 수 없다는 것을 아들도 알게 된 것 같았습니다. 이 과제를 시작하고 몇 주가 지난 뒤 아들은 "뜨거워"라고 자발적으로 말할 수 있게 되었습니다. 아이가 이 말을 했을 때는 너무 기뻐서 "굉장하다! 스스로 '뜨거

워'라고 말했구나!" 하고 많이 칭찬해줬습니다.

그 후 감자튀김뿐 아니라 식탁에 놓인 국도 "그거 뜨거워"라고 말하면 싫은 얼굴을 하며 만지지 않게 되었습니다.

'뜨거워'를 가르친 것 외에 다른 성과도 있었습니다. 아들은 목욕할 때 욕조에 몸을 담그는 시간이 짧아서 '욕조라는 공간이 싫은 건가? 아니면 따뜻한 물에 있는 것이 싫은 건가?' 생각하고 있었습니다. 그러던 어느 날, 욕조에 몸을 담근 아들이 "뜨거워"라고 말했습니다. 저는 놀라서 "그랬구나. 그래서 욕조에 오래 못 있었구나" 하고 말하고 찬물을 더 부어줬습니다. 지금은 긴 시간 동안 둘이 같이 목욕도 할 수 있게 되었습니다.

가르치는 동안에는 저도 힘들고 아들도 힘들었을 것이라 생각되지만, 결과적으로 우리 모자의 스트레스가 줄어든 것은 확실합니다.

'차가워'를 가르치다

거의 같은 시기에 '차가워'도 가르쳤습니다. 마침 여름철이었기 때문에 보냉제를 볼에 살짝 대주는 방법으로 가르쳤습니다. 아들은 이 감각이 마음에 들었는지 '차가워'가 강화제가 되어서 '뜨거워'처럼 힘들게 가르칠 필요가 없었습니다.

보냉제를 볼에 대주기 전에 "차가워 해줘"라고 말하게 하고, 볼에 대줄 때 제가 "차갑네, 느낌이 좋네~"라고 말을 걸면 아들도 "차가워"라고 말하도록 했습니다.

얼마 후에 겨울이 오고 그해 도쿄에서는 드물게 눈이 왔습니다. 눈놀이를 할 때 "차가워, 차가워"라고 말하면서 즐겁게 놀던 아들을 보고 말을 가르치길 잘했구나 하고 생각했습니다.

시각적 촉구를 이용한 지도방법

• **카드를 이용해 힌트를 제시하다.**

음성지시만으로 가르칠 때 혼란스러워하는 아이의 경우, 그림·사진·
문자카드 등의 시각적 촉구를 활용해도 좋습니다.

다만, 카드를 활용할 때는 아이가 음성지시만으로도 포인팅하거나 집
는 것이 가능한지를 사전에 확인한 뒤에 해야 할 필요가 있습니다.

예를 들어 Step3의 복잡한 지시 따르기의 '물건×지시' 과제(165페
이지 참조)에서는 아래 그림처럼 그림카드를 시각적 촉구로 제시하면서
"사과 먹어"라고 음성지시를 하고, 동작을 촉구합니다. 오반응을 보일

때는 그림카드를 가리키면서 동작을 따라 하게 합니다.

잘할 수 있게 되면 음성지시를 먼저 하고, 조금 기다렸다가 그림카드를 제시하는 방식으로 서서히 카드를 제시하는 타이밍을 5초에서 10초로 늦춥니다. 그렇게 최종적으로는, 촉구로 사용하고 있던 그림카드를 제시하기 전에 음성지시만으로도 아이가 정반응을 보일 수 있도록 합니다. "귤 먹어", "복숭아 먹어" 등 명사를 다양하게 함과 동시에, "사과 들어", "사과 잘라", "사과 줘" 등 뒷부분의 지시도 다양하게 늘려갑니다.

• 시간지연법으로 촉구를 없애다.

사회적 응답의 "이름이 뭐야?", "○○○이에요" 과제의 경우(168페이지 참조), 아이의 사진카드를 준비합니다. 이때, 사진카드를 보여주면서 자신의 이름을 말할 수 있는지 사전에 확인합니다. 자기 사진을 보고 자기 이름을 말할 수 없으면 먼저 이름을 말할 수 있도록 지도합니다.

처음에는 사진카드를 "이름이 뭐야?"라는 음성지시와 동시에 제시하고, 사진카드를 포인팅하여 아이에게 자기 이름을 대답하도록 촉구합니다. 할 수 있게 되면, 카드를 이용해 힌트를 주는 절차와 같은 방식으로 시각적 촉구인 사진카드의 제시를 조금씩 늦춥니다. 즉, "이름이 뭐야?"라고 질문한 뒤 조금 기다렸다가 사진카드를 제시해서 대답하도록 하고, 결국에는 음성지시만으로도 대답할 수 있도록 하는 것입니다.

여기서 소개한 것처럼 촉구를 서서히 늦추는 방법을 '시간지연법 (time delay)'이라고 합니다. 시간지연법은 촉구를 없앨 때 중요한 기법입니다.

'자, → 고마워'의 과제를 할 때도 '자, (여깄어)' 카드와 '고마워' 카드를 두 개 준비합니다. 먼저 각각의 카드를 어른이 포인팅해가며 교대로 각각의 대사, "자", "고마워"를 말할 수 있도록 연습해둡니다.

다음으로 이 카드를 전해주는 쪽과 받는 쪽의 옆에 두고 '자', '고마

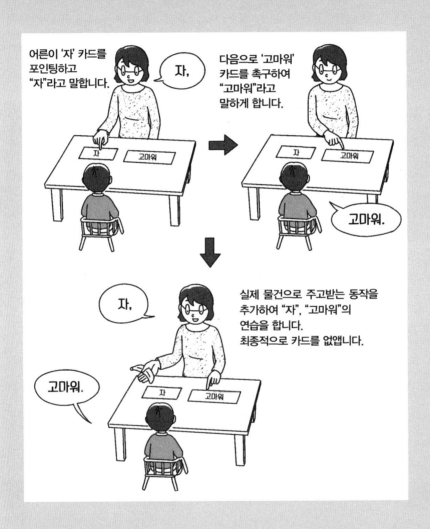

위'를 연습합니다. 잘 말하지 못할 때는 카드를 포인팅하는 것으로 촉구합니다. 할 수 있게 되면 역할을 교대하고, 또 반복합니다. 카드를 서서히 사용하지 않게 하고, 음성만으로 '자, →고마워'를 말할 수 있도록 합니다.

"다녀왔습니다", "다녀오셨어요"도 같은 방법으로 합니다. 현관에 각각의 카드를 두고 역할을 바꿔가면서 연습하고 최종적으로는 카드가 없어도 할 수 있도록 지도합니다.

여기서 '고마워'는 물건을 받는 상황에서 지도하는데, 적절하게 잘 사용할 수 있게 되면 도움을 받았을 때, 뭔가를 배웠을 때에도 사용할 수 있도록 연습합니다. 이런 과제는 점점 어려워지지만 역할놀이(role play)를 하면서 가르치면 비교적 즐겁고 쉽게 익힐 수 있습니다.

ABA PROGRAM

제3장

★

의사소통 프로그램 II

같이 놀자.

대화의 시작

다른 사람과 대화하는 법을 배웁니다.
상대방이 말을 걸거나 질문했을 때
적절하게 대답하는 방법을 배우고,
간단한 질문을 스스로 할 수 있게 합니다.

대화의 기초

:

이 단계의 목표는 지금까지 배운 2어문이나 3어문을 사용해서 다른 사람과 간단한 대화가 가능하도록 하는 것입니다.

대화란 간단하게 말하자면 자발적으로 말을 거는 것과 그에 대한 응답이라고 볼 수 있습니다. 자폐아이에게 있어서 자발적으로 말을 거는 것은 매우 어려운 일입니다. 그에 비해 다른 사람이 말을 걸었을 때 응답하는 것은 비교적 하기 쉬운 과제입니다. 일단 상대방이 말을 걸었을 때 적절하게 응답하는 것을 가르칩시다.

질문 중에 긍정과 부정으로 대답하는 방식이 있는데요. 이 단계에서 이런 방식의 질문에 대답하는 방법을 가르칩니다. 이런 방식의 질문에는 또한 두 가지 종류가 있습니다. "딸기 먹을래?", "들어가도 되니?"와 같은 상대의 의사를 묻는 질문에 "응", 또는 "아니"로 대답하는 '의사표현의 yes/no'와 "이건 바나나야?"처럼 사실의 진위를 묻는 질문에 "응", 혹은 "아니"로 대답하는 '사실관계의 yes/no'입니다.

이미 Step3에서 자신의 이름이나 나이를 대답하는 '사회적 응답'을 가르쳤습니다. Step4에서는 이것을 한층 더 발전시켜 "이거 뭐야?", "어디야?", "누구야?"와 같은 다양한 질문에 스스로 변별하고 적절하게 대답할 수 있게 가르칩니다.

사회적 응답이 질문에 정해진 답을 하는 것에 비해, 이번 Step에서는 "이거 뭐야?", "어디야?"와 같은 질문에 그때그때 다른 대답을 하게 합니다. 그 때문에 매우 어려운 과제입니다.

일반적으로 친구들이 말을 걸 때는 질문만 하지 않습니다. 오히려 아이들의 대화를 관찰하면, "나는 ~~이야"라고 자신에 대해 말하면서 말을 거는 경우가 더 많습니다. 상대방 아이도 "나는 ~~야"라고 그에 대응하는 자신의 정보를 말하게 됩니다.

이것을 '정보교환형 대화'라고 부르는데 이런 방식의 대화도 굉장히 중요하므로 꼭 가르칩시다.

한편, 자발적인 대화 스킬로는 지금까지 자발적인 요구나 물건의 이름에 대한 서술을 가르쳤습니다. Step4에서는 더 나아가 "이거 뭐야?", "어디야?"라는 질문을 스스로 할 수 있도록 가르칩니다.

그 외에도 물건의 특징이나 기능, 기초 문법(시제, 조사), 글자 읽고 쓰기, 과거의 일 말하기를 가르칩니다. 모두 타인과의 의사소통 내용을 풍족하게 하기 위해 도움이 되는 스킬입니다. 글자는 말을 하지 않는 아이의 의사소통 스킬로서도 도움이 됩니다.

물건의 특징과 기능

• **목표**

'사과는 빨개', '코끼리는 코가 길어' 등, 아이에게 친숙한 물건이나 사람(동물)의 특징을 가르칩니다. 또 '바지는 입는 것', '가위는 오리는 것'과 같은 물건의 기능에 관한 지식도 익힙니다. 물건이나 사람에 관한 지식을 넓힘으로써 다른 사람과의 의사소통 내용이 풍요로워집니다.

프로그램 **물건의 특징과 기능**

(1) 물건의 특징

아이에게 친숙한 물건이나 사람, 동물의 특징을 가르칩니다. 가르치기 쉬운 동물의 울음소리나 과일, 채소의 색깔을 먼저 가르칩니다. 그다음 '코끼리 코는 길어' 등 친숙한 동물의 특징을 말할 수 있게 합니다.

[동물 울음소리]

① 여기선 지금까지 가르쳐왔던 순서와 반대로, 표출부터 가르칩니다. 예를 들어 고양이 모형을 보여주고 "고양이는 무슨 소리를 내?"라고

묻습니다. 답하는 것을 기다리지 말고 곧바로 "야옹~"이라고 말하고 아이에게 따라 하도록 합니다. 아이가 잘 따라 하면 강화합니다.

② 이것을 반복하며 서서히 촉구를 줄여나갑니다. "고양이는 무슨 소리를 내? 야…"라고 말하고 아이가 "야옹~야옹~" 하고 이어서 말하면 강화합니다. 최종적으로는 촉구를 없애고, "고양이는 무슨 소리를 내?"라고 묻기만 해도 "야옹~야옹~"이라고 말할 수 있도록 합니다.

③ 고양이 울음소리를 마스터하면 같은 방법으로 돼지나 소의 울음소리도 가르칩니다.

④ 몇 가지 동물의 울음소리를 가르치면 수용적인 선택도 진행합니다. 고양이, 돼지, 소의 모형을 나열하고, "야옹~야옹~ 소리 내는 건 뭐야?", "꿀꿀 소리를 내는 건 뭐지?" 등과 같이 묻고, 각각 고양이, 돼지를 선택하도록 촉구합니다. 잘하면 서서히 다른 동물의 울음소리도 가르칩니다.

[과일·채소의 색]

다음으로 과일이나 채소의 색을 가르칩니다. 처음에는 실물이나 그림카드를 보여주면서 "이게 뭐야?"라고 이름부터 묻습니다. "사과"라고 맞게 대답할 수 있는지 먼저 확인하고, 이번에는 "사과는 무슨 색이야?"라고 묻는 것입니다. "빨강"이라고 대답하면 강화해줍니다. 대답하지 못하면 실물을 힐끗 보여주는 식으로 촉구해줍니다. 모든 대답을 "빨강"이라고 하지 않도록 바나나나 오이 같이 다양한 색의 채소를 보여주며 물어봐주세요.

[동물의 특징]

"코끼리는 코가 길어", "말은 당근을 좋아해", "캥거루는 뱃속에 아기 캥거루가 있어"처럼 또래 아이들이라면 대부분 알고 있을 친숙한 동물의 특징을 가르칩니다.

그러기 위해서는 먼저 동물의 신체 부위부터 가르쳐야 합니다. 동물 모형을 준비하고 "코는 어딨어?", "귀는?" 하고 다양한 신체 부위를 가르쳐주세요. 코끼리의 경우는 모형의 코 부분을 만지게 하고 코가 길다는 것을 인식하게 합니다. 비교할 수 있도록 토끼는 귀가 길고, 기린은 목이 길다는 것도 가르칩니다. 세 가지 모형을 책상 위에 올려놓고 "코가 긴 동물은?", "목이 긴 동물은?"이라고 묻고 알맞게 고를 수 있도록 합니다.

말이 당근을 먹는 것을 가르칠 때는 사전에 말이 당근을 먹는 모습을 모형으로 보여줍니다.

이렇게 배운 지식이 단순히 암기가 되지 않도록 스스로 모형을 조작하거나 놀게 하고, 노는 시간에 옆에서 말해주면서 이미지를 확장시키는 것을 중요하게 여겨주세요. 그것이 지식을 익히는 요령입니다.

(2) 물건의 기능

친숙한 물건의 용도·역할을 가르칩니다. '가위 → 오리는 것', '모자 → 쓰는 것', '공 → 던지는 것'과 같은 식입니다.

[물건의 용도]

기능을 가르치고 싶은 물건을 몇 가지 나열합니다. 이 과제를 하려면 물건의 이름을 말할 수 있어야 합니다. 물건의 이름을 말할 수 있는지 사전에 확인합니다. 여기서는 가위, 모자, 공의 세 가지를 예로 들어 설명하겠습니다.

먼저 '오려', '써', '던져'라는 말을 지시합니다. '오려'라고 할 때는 가위로 종이를 오리도록 촉구합니다. "써"라고 말하면 모자를 쓰도록 촉구합니다.

다음으로 "오려"라는 지시를 따라 아이가 가위로 종이를 오리면 "뭐 했어?"라고 묻고 "오렸어"라고 대답할 수 있도록 촉구해주세요. 성공하면 "가위는 뭐하는 거야?"라고 묻습니다. 처음에는 곧바로 "오리는 것"이라고 답을 말해주며 촉구합니다.

이렇게 처음에는 물건에 관한 지시와 기능을 세트로 가르칩니다. 이것도 상상하는 것을 중요하게 여기기 때문입니다. 이 과제를 잘하게 되면 서서히 물건의 기능만 갑자기 물어보도록 합니다.

[사람이나 장소의 역할]

간단한 물건의 용도·역할을 대답할 수 있게 되면 그것을 발전시켜서 아이의 지식을 넓고 깊이 있게 확장할 수 있습니다.

그중 하나로 사람이나 장소의 역할이 있습니다. 예를 들어 "의사선생님은 뭐하는 사람이야?"라고 묻고 "아픈 곳을 치료해줘요"라고 대답할 수 있도록 가르치거나, "공원은 뭐하는 곳이야?"라고 묻고 "노는 곳"이라고 대답할 수 있도록 합니다. 물론 사람이나 장소의 이름을 말할 수 있는 것이 전제조건입니다.

이것을 가르칠 때도 미리 소꿉놀이 같은 놀이를 통해 이미지를 만들어줍니다. 예를 들어 병원놀이를 하면서 의사 역할을 하는 어른이 아기 인형에게 주사를 맞히고 열을 재는 행동을 해서 의사선생님 역할을 실감할 수 있도록 합니다.

[같이 사용하는 물건]

관련된 과제로 '같이 사용하는 물건'이 있습니다. 예를 들어 책상 위에 젓가락, 구두, 비누, 쓰레받기를 놓습니다. 아이에게 그릇을 보여주고, "이거랑 같이 쓰는 건 뭐야?"라고 묻습니다. 젓가락을 고르도록 촉구합니다. 소꿉놀이를 하면서 즐겁게 배우는 것도 좋습니다.

02

긍정과 부정

> • **목표**
> 묻는 질문에 대해 긍정 또는 부정을 대답할 수 있도록 가르칩니다.
> "푸딩 먹을래?" 등과 같은 본인의 의사를 묻는 질문에는 "네", "아니
> 요" 중 하나로, "이건 사과야?" 등과 같은 사실을 묻는 질문에는 "맞
> 아", "아니야" 중 하나로 대답하게 합니다.

프로그램 **긍정과 부정**

(1) 의사표현의 yes / no

"케이크 먹을래?"라든지 "안아줘도 돼?"와 같은 의사를 묻는 방식의
질문에 긍정이나 부정으로 대답할 수 있도록 합니다.

['먹을래', '안 먹을래'의 의사표시]

아이가 좋아하는 음식과 싫어하는 음식을 준비합니다. 예를 들어 푸
딩과 김치 같은 것입니다. 먼저 푸딩을 한 스푼 떠서 아이에게 "먹을
래?"라고 묻고, 즉시 도와서 "먹을래(혹은 응)"라고 말하게 합니다. 제대
로 말을 하면 푸딩을 한 스푼 줍니다.

Step4
4

질문할 때 말끝의 어조를 높이는 식의 질문 구조를 그대로 따라해버리는 아이라면 질문할 때 끝을 올리며 묻지 말고 아무 말 없이 푸딩을 아이에게 가까이 가져가서 "먹을래"라고 단조롭게 말하여 따라 하게 합니다. 아이가 "먹을래"라고 말하면 강화합니다. 이것을 몇 번이고 반복하여 조금씩 의문문인 "먹을래?"라고 끝을 올려서 묻는 것을 추가합니다. 그 다음에 바로 큰 목소리로 "먹을래"라고 끝을 내리며 말함으로써 아이가 질문을 그대로 따라 하는 것을 막습니다. 몇 번이고 성공하면 "먹을래"라고 촉구하는 것을 서서히 없앱니다.

　　다음으로 김치를 보여주며 "먹을래?"라고 묻습니다. 즉시 큰 목소리로 "안 먹을래(혹은 아니)"라고 말해 따라 하게 합니다. 따라 하게 되면 김치를 아이 앞에서 치웁니다. 아이가 실수로 "먹을래"라고 말해버리면 교육을 위해 김치를 조금 입술에 닿게 합니다. 도움 없이도 확실하게

"안 먹을래"라고 말할 수 있을 때까지 반복합니다.

잘 대답하게 되면 다시 푸딩으로 돌아갑니다. 또한 푸딩과 김치를 랜덤 로테이션으로 시행합니다. 푸딩과 김치로 "먹을래"와 "안 먹을래"를 구별할 수 있게 되면 다른 음식이나 음료, 장난감 등을 사용해 다양한 긍정과 부정의 표현을 연습해봅시다.

[행동에 관한 의사표시]

이외에도 의사에 관한 긍정과 부정 표현에는 다양한 것이 있습니다. 예를 들어 "안아줘도 돼?"라고 우리가 할 행동에 대한 허가를 구하는 경우에는 "좋아요"나 "싫어요"로 대답할 수 있도록 합니다. "밖에 나갈래?"라고 아이가 하고 싶어 하는 행동을 물을 때는 "나갈래", 혹은 "안 나갈래"로 대답할 수 있게 합니다.

"○○해도 돼?"에 대한 대답을 가르치는 방법을 설명하겠습니다.

사전에 아이가 해줬으면 하는 것과 해주지 않았으면 하는 것을 생각해둡니다. 예를 들어 안아주는 건 좋아하는데, 간질간질하고 간지럽히는 것을 싫어한다고 합시다.

먼저 아이와 마주보고 "안아줘도 돼?"라고 묻습니다. 아이가 "좋아"라고 말하면 안아줍니다.

다음으로 "간질간질해도 돼?"라고 묻고, 아이의 겨드랑이 쪽으로 손을 뻗습니다. 아이가 싫어하는 것 같으면 "싫어"라고 따라 말하도록 촉구하고, 바르게 말하면 간지럽히는 행동을 멈춥니다. "좋아"라고 말하면 간지럽힙니다.

이렇게 두 가지 동작을 무작위로 반복하고, 서서히 촉구를 줄여가는 것입니다. 잘할 수 있게 되면 다른 상황으로도 일반화시켜 나갑시다.

(2) 사실관계의 yes / no

"이건 사과야?", "비 오니?"와 같이 사실을 묻는 질문에 대해 대답하는 방법을 가르칩니다.

처음에 "네", "아니요" 두 가지의 대답을 구별하는 것을 어려워하는 아이에게 하나씩 차례대로 가르치기 위해 "이건 사과야?"라는 질문에는 "사과"라고 이름을 말하는 것으로 대답하게 하고, 부정의 경우에는 "아니요"라고 말하는 것을 가르칩니다.

가르치는 방법은, 사과 모형을 보여주며 "이건 펭귄이야?"라고 묻습니다. 들고 있는 물건과 완전히 다른 엉뚱한 물건의 이름을 말하는 게 좋겠죠. "이건 고래야?"라고 물어도 괜찮습니다. 질문을 하고 즉시 "아니요"라고 말해주고 아이가 "아니요"라고 따라 말하면 강화합니다.

이런 식으로 들고 있는 물건과 완전히 다른 물건의 이름을 두세 번 말하고, 그때마다 "아니요"라고 말하도록 촉구합니다. 그 다음에는 사과 모형을 보여주며 "이건 사과야?"라고 묻습니다. 곧바로 촉구하면서 "네 (혹은 사과)" 하고 말하게 합니다.

어른: 이건 펭귄이야?

아이: 아니요.

어른: 이건 고래야?

아이: 아니요.

어른: 이건 사과야?

아이: 네(혹은 사과).

어른: 우와~ 잘했어!

이런 느낌입니다.

처음에는 다른 물건의 이름을 두 번 말하고, 세 번째에 정답을 말하는 식의 패턴을 만들어두면, 아이도 올바르게 반응하기 쉽겠죠. 하지만 항상 두 번은 틀리게 말하고 세 번째에 정답을 말하는 패턴을 유지하면 아이가 순서에 의존하게 될 수도 있습니다. 패턴은 쉽게 무너질 수 있어야 합니다. 네 번째가 돼서야 정답을 말하거나, 어쩔 때는 처음부터 정답을 말하는 방식으로 불규칙하게 질문해서 아이가 질문의 순서에 의존하지 않도록 주의합니다.

'사과'로 잘할 수 있게 되면, 다른 물건도 같은 방법으로 사물의 이름에 대해 긍정과 부정으로 답하는 연습을 합시다.

또 물건의 이름뿐이 아닌, 사람의 현재 동작이나 과거의 경험, 물건의 속성이나 특징 등 다양한 사례를 긍정과 부정의 양자택일로 대답할 수 있는 연습을 합니다. 예를 들어 "엄마 사과 먹고 있어?"(현재의 동작), "점심 먹었어?"(과거의 경험), "기차는 빠르니?"(물건의 속성)와 같은 질문입니다.

시제와 조사

> **• 목표**
>
> 문법의 이해를 도입하는 것으로 '미래형', '현재형', '과거형' 등의
> 시제를 구분해서 사용하는 것을 가르칩니다. 또 '~(으)로', '~에',
> '~(이)가', '~을(를)' 등의 조사의 사용 구분도 가르칩니다.

프로그램 **시제와 조사**

(1) 시제

Step2의 '1어문의 세계 넓히기(141페이지 참조)'에서는 '오려요', '먹
어요' 등 아이에게 있어 말하기 쉬운 쪽의 시제로 동사를 가르쳤습니다.
이번에는 하나의 동사에 대해 '오리다(미래형)', '오리고 있다(현재형)',
'오렸다(과거형)'의 세 종류의 시제를 구분하는 것을 가르칩니다.

[질문의 어미를 힌트로]

처음에는 어른이 하는 질문의 어미를 힌트로 그에 맞춰 시제를 바꾸
는 연습을 합니다. 즉, "뭐하고 있어?"라고 물으면 "먹고 있어", "뭐했
어?"라고 물으면 "먹었어"라고 대답하게 하는 것입니다.

① 어른이 장난감 바나나를 들고 먹는 시늉을 합니다. "뭐하고 있어?"라고 묻고 "먹고 있어"라고 아이가 대답할 수 있도록 촉구합니다.

② 다음으로 어른이 바나나를 다 먹은 듯한 연기를 합니다. 마지막 한 입을 삼키고 "아~" 하고 입을 벌리면서 매우 만족한 듯한 얼굴을 합니다. "뭐했어?"라고 아이에게 묻고 "먹었어"라고 대답할 수 있도록 촉구합니다.

③ "먹고 있어"와 "먹었어"의 연습을 당분간 교차로 반복하며 진행합니다.

④ 두 가지를 잘 구별할 수 있게 되면, 교차로 묻는 패턴을 무너뜨리고 무작위로 질문합니다. 예를 들어 먹는 시늉을 하면서 "뭐하고 있어?"라고 묻고, "먹고 있어"라고 대답을 하게 한 뒤, 다시 한 번 먹고 있는 시늉을 하면서 "뭐하고 있어?"라고 묻습니다. 3~4번째가 돼서야 다 먹은 듯한 연기를 하면서 "뭐했어?"라고 묻고, "먹었어"라고 대답할 수 있도

록 촉구합니다.

또는 반대로 먹는 시늉을 조금 한 뒤에 곧바로 다 먹은듯한 모습을 보여주고 갑자기 "뭐했어?"라고 묻습니다. "먹었어"라고 대답할 수 있도록 촉구합니다. 이렇게 질문의 순서에 얽매이지 않고 "뭐하고 있어?"에는 "○○하고 있어", "뭐했어?"에는 "○○ 했어"라고 대답하는 것을 가르치는 것입니다.

["뭐하지?"]

"뭐하고 있어?"와 "뭐했어?"의 질문에 올바르게 시제를 맞춰 대답할 수 있게 되면, 이번에는 "뭐하지?"라고 묻고 "먹어"라고 말할 수 있도록 합니다.

이 경우는 입을 크게 벌리고 금방이라도 바나나를 덥석 입에 물 것 같은 시늉을 하면서 "뭐하지?"라고 묻습니다. 곧바로 "먹어"라고 말해주고 따라 하도록 촉구합니다. 잘 말할 수 있게 되면 "뭐하고 있어?", "뭐했어?"와 섞어서 연습합니다.

[본래 시제 · 현재와 과거]

이번에는 본래 시제의 변화를 가르칩니다. 즉 질문의 어미라는 힌트가 없어도 앞으로 하게 될 동작이라면 '~~하다', 지금 하고 있는 동작이면 '~~하고 있다', 이미 끝난 동작이면 '~~했다'라고 말할 수 있도록 하는 것입니다. 갑자기 세 가지 시제를 구별하도록 가르치는 것은 어려운 일이기 때문에 먼저 '~~하고 있다'와 '~~했다'의 구별부터 가르칩시다.

① 어른이 장난감 바나나를 가지고 먹는 시늉을 합니다. 입을 움직이면서 "어때?"라고 묻고, "먹고 있어"라고 말하고 아이가 따라서 "먹고 있어"라고 말하면 강화합니다. 질문의 어미가 힌트가 되지 않도록 "어때?"라든지 "이건 뭐야?" 등의 방법으로 묻는 것이 이 과제의 핵심입니다.

② 다음으로 다 먹은 동작을 과장되게 흉내 내며 똑같이 "어때?"라고 묻습니다. "먹었어"라고 말하도록 촉구합니다.

③ 위의 두 가지를 당분간 교차로 연습하면서 서서히 촉구를 줄여갑니다. 촉구 없이도 올바르게 말할 수 있게 되면 전과 같은 방법으로 '먹고 있어'와 '먹었어'를 되도록 불규칙하게 질문하도록 합니다. 그래도 틀리지 않고 시제를 구별해 사용할 수 있게 되면 성공입니다. 이어서 "먹어"도 가르쳐주세요.

이외에도 다양한 동사로 연습해주세요.

(2) 조사

Step3에서 가르친 단어와 단어를 연결하기만 한 2어문·3어문에 '~(으)로', '~에', '~(이)가', '~(을)를' 등의 조사를 넣는 것을 가르칩시다.

['~에'와 '~(으)로'를 가르치는 방법]

'물건×지시'의 과제로 지시하는 말 안에 조사를 넣어서 말합니다. 처음에는 '~에'나 '~(으)로'부터 가르칩니다.

예를 들어 '의자, 앉아' 대신에 '의자에 앉아'라고 지시합니다. 이때

'~에'를 강하게 말해주세요. 아이가 지시를 따르면 "뭐했어?"라고 묻고, "의자에 앉았어"라고 대답하도록 촉구합니다.

'~(으)로'는 수단이나 도구 등을 표현하는 조사입니다. "망치로 두드려", "숟가락으로 먹어" 등의 지시를 하고, 아이가 지시를 따랐을 때 "뭐했어?"라고 물어봐주세요.

'(을)를'은 정상발달아이들에게도 생략하는 경우가 많으므로 나중으로 미뤄도 괜찮습니다. 가르치는 방법은 '~에', '~(으)로'와 같습니다.

['~(이)가'를 가르치는 방법]

'~(이)가'를 가르칠 때는, 2어문·3어문 프로그램의 '주어+동사(183페이지 참조)'에서 사용한 사진카드를 사용합니다. 지금까지는 '~(이)가'를 생략하고 있지만, 이번에는 "아빠가 자고 있어", "엄마가 책을 읽고 있어"처럼 '~(이)가'를 추가해서 지시를 하고, 아이가 해당하는 카드를 선택하도록 촉구합니다. 선택하는 과제를 계속함으로써 듣는 것이 익숙해지므로, 상황을 봐가면서 선택한 카드를 가리키면서 "이건 뭐야?"라고 묻고, "아빠가 자고 있어"라고 대답할 수 있도록 촉구합니다. 카드에서 '~(이)가'를 사용할 수 있게 되면, 일상생활에서도 일반화할 수 있도록 아이와의 상호작용에 계속 사용해주세요. 우리말에는 글자에 따라 '~이'가 되는 경우도 있고, '~가'가 되는 경우도 있습니다. 하지만 이 시점에서는 꼭 정확한 조사를 사용하지 못해도 괜찮습니다. 나중에 문장을 읽고 쓰는 것을 습득하는 단계에서 조사를 가르칠 때 더 잘 이해하는 아이도 있습니다.

질문의 변별

> **• 목표**
>
> "이거 뭐야?"와 "무슨 색이야?", "누구야?", "어디야?", "뭐하고 있어?"와 같은 다양한 질문을 변별해서 듣고, 적절하게 대답하는 연습을 합니다. 과제에 맞는 교재를 준비하는 것이 중요합니다.

프로그램 **질문의 변별**

---

(1) "이거 뭐야?", "무슨 색이야?"

처음에 "이거 뭐야?"와 "무슨 색이야?"의 구별을 연습합니다. 아이가 변별하기 힘들어 할 수도 있기 때문에, 처음에는 조금 어색하더라도 질문을 확실히 구별할 수 있도록 바꿔주는 것이 좋습니다. 예를 들어 "무슨 색이야?", "무슨 과일이야?"인 경우, '무슨'이 동시에 들어가기 때문에 "어떤 색이야?", "이거 뭐야?"처럼 바꿔서 물어보는 것이 좋습니다.

교재는 아이가 이름을 잘 알고 있는 물건으로, 색은 단색으로 확실하게 알 수 있는 것으로 합니다. 또 색보다는 물건의 이름이 더 인상이 강한 물건으로 선택합니다. 예를 들어 빨강이나 파랑 등의 단색으로 된 컵이나 자동차, 또는 사과나 바나나 등의 장난감을 사용합니다. 반대로 색

이 있는 나무블록이나 구슬은 이름보다도 색이 더 인상이 강한 물건이
므로 이 과제의 교재로서는 적당하지 않습니다. 이름과 색, 어느 쪽의
인상이 더 깊은지는 그 물건을 아이에게 보여줬을 때 이름과 색 중 어느
쪽을 먼저 말하는지 보고 판단합니다.

가르치는 방법은, 빨간 컵을 보여주며 "이건 뭐야?"라고 묻습니다. 아
이가 "컵"이라고 말하면, 다음엔 컵의 표면을 가리키며 "무슨 색이야?"
라고 묻고 곧바로 "빨간색"이라고 말해주고 따라 하도록 촉구합니다.

처음에는 두 질문의 차이를 조금이라도 강조하기 위해 "이거 뭐야?"
를 낮은 목소리, "무슨 색이야?"는 높은 목소리로 소리의 높낮이를 다르
게 사용하며 질문하는 것도 방법입니다. 랜덤 로테이션으로 아이가 두
개 질문을 잘 구별할 수 있게 되면 서서히 목소리의 높낮이를 일정하게
함과 동시에 색깔을 물었을 때 컵의 표면을 가리키던 촉구도 없앱니다.

컵으로 "이거 뭐야?"와 "무슨 색이야?"를 구별할 수 있게 되면 다른
물건으로도 시행합니다.

(2) "누구야?"와 "어디야?"

다음으로는 "누구야?"와 "어디야?"의 구별을 연습합니다. 먼저 현관,
목욕탕, 화장실, 부엌 등의 사진을 카드로 만들고, 집 안의 장소 이름을
말할 수 있는지 확인합니다. 다음으로 각각의 장소에 아빠, 엄마 등의
가까운 사람들이 서 있는 사진을 찍고 카드로 만듭니다.

예를 들어 아빠가 현관에 서 있는 사진을 사용할 경우, 사진카드의 아

빠의 얼굴 부분을 가리키면서 "누구야?"라고 묻고, "아빠"라고 대답할
수 있도록 촉구합니다. 다음으로는 현관 사진의 배경 부분을 가리키면
서 "어디야?"라고 묻고, "현관"이라고 대답할 수 있도록 촉구합니다. 목
소리의 톤도 "누구야?"는 높게, "어디야?"는 낮게 말하면서 두 질문이
다르다는 것을 강조할 수 있도록 하면 좋겠습니다.

　이렇게 "누구야?"와 "어디야?"의 두 가지 질문을 무작위로 반복하면
서 점점 촉구를 줄여갑니다. 처음에는 아빠의 얼굴을 가리키면서 촉구
했지만, 점점 손가락을 사진과 떨어트리면서 어디를 가리키는 것인지
애매하게 하면서 촉구를 없애줍니다. 배경을 가리키던 것도 같은 방법
으로 촉구를 줄여갑니다. 목소리 톤도 점점 같게 해주세요.

　처음 시행한 사진으로 "누구야?"와 "어디야?"를 구별할 수 있게 되면
다른 사진으로도 같은 연습을 합니다.

(3) "누구야?"와 "뭐하고 있어?"

다음으로는 "누구야?"와 "뭐하고 있어?"의 구별을 가르칩니다. 가족이 알기 쉬운 동작을 하고 있는 사진을 찍습니다. 되도록이면 "누구야?", "어디야?"의 학습에서 사용한 장소의 사진을 찍습니다. 예를 들어 아빠가 현관에서 구두를 신고 있는 사진이나 엄마가 부엌에서 요리를 하고 있는 사진 등입니다.

찍어둔 사진들 중 한 장을 골라 연습을 시작합니다. 예를 들어 엄마가 부엌에서 요리를 하고 있는 사진을 사용해봅시다. 먼저 전과 마찬가지로 엄마의 얼굴을 가리키며 "누구야?"라고 묻습니다. "엄마"라고 대답하면 이번에는 동작 부분(요리하는 것이면 칼이나 도마 부분)을 가리키며 "뭐하고 있어?"라고 묻습니다. "요리하고 있어"라고 대답할 수 있도록 촉구합니다.

이때 이미 2어문·3어문의 연습을 하고 있어서 "누구야?", "뭐하고 있어?"라는 질문에 "엄마가 요리를 하고 있어"라고 대답해버릴지도 모릅니다. 이 대답은 두 가지 질문을 구별해서 한 대답인지 알 수 없기 때문에 이럴 경우에는 사진을 치우고 어른이 "엄마"하면 "엄마", "요리하고 있어"하면 "요리하고 있어"라고 똑같이 따라 하도록 연습해주세요. 그 다음에 사진을 보여주면서 "누구야?"라고 묻고 바로 "엄마"라고 큰소리로 말하고, 똑같이 말하게 합니다. "요리하고 있어"도 마찬가지입니다.

또 글자를 읽을 수 있는 아이는 "엄마"와 "요리하고 있어"를 글자카드로 만들어서 시각적 촉구로 사용하는 것도 좋습니다.

"누구야?"와 "뭐하고 있어?"의 구별을 잘할 수 있게 되면, "어디야?"도 추가합니다. 예를 들어 아빠가 현관에서 구두를 신고 있는 사진을 보여주며, "누구야?", "어디야?", "뭐하고 있어?"의 세 종류의 질문을 합니다. 처음에는 "누구야?"라고 물을 때 아빠의 얼굴, "어디야?"라고 물을 때는 배경, "뭐하고 있어?"라고 물을 때는 구두를 가리키며 촉구하고 서서히 촉구를 해주지 않아도 아이가 올바르게 답할 수 있도록 합니다.

(4) "누가?"와 "누구를?"

'조사' 과제(219페이지 참조)에서 '~(이)가', '~(을)를', '~(으)로', '~에' 등의 조사를 잘 구별해서 사용할 수 있게 되면, 그것을 응용해서 "누가?", "누구를?"과 같이 미묘하게 조사만 다른 질문을 구별하는 것을 가르칩니다.

예를 들어 엄마가 아기인형을 안고 있는 모습을 보여줍니다. "뭐해?"라고 묻고 아이에게 "엄마가 아기를 안고 있어"라고 대답할 수 있도록 촉구합니다. 그 다음에 "누가 안고 있어?", "누구를 안고 있어?"의 두 가지 질문을 하고 각각 "엄마가", "아기를"이라고 대답할 수 있도록 연습합니다.

이외에도 "무엇을 자르고 있어?" "사과", "무엇으로 자르고 있어?" "칼"과 같은 구성이나, "누가 '안녕'이라고 말했어?" "아빠", "누구한테 '안녕'이라고 말했어?" "엄마"와 같은 구성 등으로 다양한 질문의 구별을 연습합시다.

자발적인 질문

• **목표**

"이거 뭐야?", "어디야?", "뭐하고 있어?"와 같은 질문을 도와주지 않아도 <u>스스로</u> 말할 수 있도록 합시다. 어른에게 일일이 배우지 않아도 다양한 것을 스스로 배울 수 있도록 하기 위한 스킬입니다. 또한, 대화를 할 수 있는 기회가 되는 수단으로써도 매우 중요한 스킬입니다.

프로그램 **자발적인 질문**

(1) "이거 뭐야?"

책상에 4~5개의 물건을 나열하고, 아이가 보기에 왼쪽부터 순서대로 그 이름을 말하도록 합니다. 이때 어른이 한 개씩 "이거 뭐야?"라고 묻는 것이 아니라 처음부터 "이름 말해줘"라고 말하고 아이가 자발적으로 물건을 가리키면서 이름을 말하도록 합니다. 네 번째나 다섯 번째에는 아이가 이름을 모르는 물건을 놓습니다. 여기서 아이가 이름 말하는 것을 망설이고 있으면, 즉시 "이거 뭐야?"라고 말하고 따라 하도록 촉구합니다. 아이가 따라해서 "이거 뭐야?"라고 말하면 강화해줍니다.

같은 물건으로 이것을 여러 번 반복하고 서서히 촉구를 없애줍니다.

3~4번 반복하면 마지막에 그 물건의 이름을 가르쳐주세요.

이름을 알려주면 그 다음에는 다른 물건을 4~5개 책상에 나열합니다. 마찬가지로 나열한 것 중 한 개는 아이가 모르는 물건으로 준비합니다. 그리고 앞서 말씀드린 것과 같은 절차로 반복합니다. 아이가 도움없이도 스스로 모르는 물건을 가리키며 "이거 뭐야?"라고 말할 수 있을 때까지 연습을 계속합니다.

책상 위에서 "이거 뭐야?"를 사용할 수 있게 되면 일상생활에서도 응용합니다. 예를 들어 같이 동물 그림책을 보면서 아이에게 동물의 이름을 말하도록 촉구하고, 모르는 동물이 나오면 "이거 뭐야?"라고 말하도록 하는 것입니다.

[답 기억하기]

모르는 물건을 봤을 때 "이거 뭐야?"라고 묻는 것을 기억하는 것만으로는 충분하지 않습니다. 물건의 이름을 말해주면 그것을 기억하고 자신의 지식으로 추가하지 않으면 질문하는 의미가 없기 때문입니다.

이번에는 "이게 뭐야?"라고 물으면 그것으로 끝내는 것이 아니라, 알려준 이름을 기억하도록 요구합니다. 한 번에 외우기는 어려우므로 두 번째까지는 질문하면 그때마다 물건의 이름을 알려주도록 합시다. 하지만 세 번째부터는 그 물건의 이름의 앞 글자를 말해주는 정도로 촉구해주고, 아이가 그 물건의 이름을 말할 수 있도록 도와줍니다. 올바르게 말하면 강화해줍니다.

찾고 있는 물건이 어디에 있는지 모를 때 "어디야?"라고 묻는 것을 가르칩니다.

바닥 곳곳에 10개 정도의 물건을 놓습니다. 아이에게 그중에 한 가지 물건을 "○○ 가지고 와"라고 지시하고, 가지고 오도록 합니다. 가지고 오면 강화합니다.

여러 번 이것을 반복한 뒤에, 사전에 방 어딘가에 숨겨둔 물건을 말하며 "○○ 가지고 와"라고 지시합니다. 아이가 찾기 시작하면, 못 찾아서 포기해버리기 전에 "어디야?"라고 말하고 따라 하도록 합니다.

아이가 "어디야?"라고 말하면 "커튼 뒤"처럼 숨겨둔 물건이 있는 장소를 알려줍니다.

이 연습을 촉구 없이도 "어디야?"라고 스스로 물어볼 수 있을 때까지 계속합니다. 스스로 물어볼 수 있게 되면 일상생활에서도 일반화시켜주세요. 예를 들어, 케이크를 미리 냉장고에 넣어두고 아이가 케이크를 찾기 시작하면 "어디야?"라고 말할 수 있도록 도와줍니다. "어디야?"라고 말하면 케이크가 있는 장소를 알려주고 간식시간을 가집니다.

이것은 단순히 상대방이 무엇을 하고 있는가를 알고 싶을 때보다 같이 참여하고 싶을 때 사용하는 경우가 많은 질문입니다. 아이가 참여하고 싶어할 만한 상황을 만들어서 질문을 할 수 있도록 도와줍시다.

예를 들어, 아이가 그림을 그리는 것을 좋아한다고 합시다. 어른이 아이가 볼 수 없게 손으로 가리면서 종이에 그림을 그립니다. 아이가 힐끔 쳐다보면 "뭐하고 있어?" 또는 "뭐 그리고 있어?"라고 물을 수 있도록 촉구합니다.

아이가 질문을 할 수 있게 되면 "집을 그리고 있어. ○○도 그릴래?"와 같이 말하고 같이 활동하도록 유도합니다.

과자 먹는 것을 좋아하는 아이라면, 아이에게 보이지 않도록 과자를 먹습니다. 아이가 흥미 있게 보기 시작하면 "뭐하고 있어?"라고 말하도록 촉구합니다. 아이가 올바르게 물어보면 "과자 먹고 있어. ○○도 먹을래?"처럼 말해줍니다.

이외에도 다양한 상황에서 다양한 질문을 할 수 있게 촉구합니다. 예를 들어 아이가 심심해하고 있을 때 "밖에 나가볼까"라고 말합니다. 아이가 흥미 있어 하는 것 같으면 "어디 가?"라고 물어보도록 촉구합니다. 아이가 올바르게 물어보면 아이가 좋아할 만한 장소를 말해줍니다. 여기서 주의해야 할 것은 장소를 말했으면 반드시 그 장소로 데려가줘야 합니다. 그러니 당장 갈 수 있는 장소를 말해야 합니다.

Step 4

글자 읽고 쓰기

- **목표**

글자는 매우 중요한 의사소통 도구입니다. 정상발달아이는 만 4, 5세
가 되면 글자를 더듬더듬 읽거나 쓰기 시작합니다. 반면에 자폐아이
중에는 더 빨리 글자나 기호에 흥미를 가지고 읽거나 쓰는 아이도 있
습니다. 하지만 또 글자의 습득이 매우 어려운 아이도 적지 않습니다.
어느 쪽이든 글자와 글자의 매칭을 할 수 있어야 글자를 읽는 과제를
도입할 수 있습니다. 글자는 말을 하지 않는 아이의 대체 의사소통
도구로도 도움이 됩니다.

프로그램 **글자 읽고 쓰기**

(1) 글자 읽기

[글자카드의 선택]

처음에 글자와 글자의 매칭부터 가르칩니다. 글자카드를 두 세트 준
비해서 책상에 3~5장 나열하고, 나열되어있는 카드와 같은 카드 중 하
나를 주면서 "같은 것끼리 놔"라고 말합니다. 글자카드는 직접 만든 것
도 괜찮고, 글자가 쓰여 있는 나무블록을 활용해도 좋습니다.

글자끼리 매칭을 할 수 있게 되면 글자 읽는 것을 가르치기 시작합니다. 가르친다고는 해도 갑자기 글자를 보여주고 소리 내어 읽게 하는 것이 아니라, 먼저 소리를 듣고 글자카드를 선택하는 연습을 합니다. 이것은 말을 하지 않는 아이도 할 수 있는 과제입니다.

가르치는 방법은 '물건 이름 말하기'(129페이지 참조)와 같습니다. 예를 들어 처음에는 "아"와 "오"의 두 장의 카드를 나열하고, 어른이 "아"라고 말하면 "아" 카드를, "오"라고 말하면 "오" 카드를 선택하도록 랜덤 로테이션으로 연습합니다. 처음에는 글자의 모양이나 크기가 다른 것이 더 알기 쉬우므로 글자를 구별하기 쉬운 글자부터 시작합니다. 처음 두 글자를 잘할 수 있게 되면 다른 글자도 추가해갑니다.

말을 할 줄 아는 아이의 경우는 듣고 선택할 수 있게 된 글자를, '물건 이름 말하기'와 같은 요령으로 "이건 뭐야?"라고 묻고 발음할 수 있도록 해주세요.

받침이 없는 글자부터 시작해서 받침이 없는 글자를 읽을 수 있게 되면 받침이 있는 글자를 읽는 연습도 합니다.

[단어 읽기]

한 글자씩 읽을 수 있게 되면 이번에는 글자를 붙인 단어를 읽는 연습을 합니다.

먼저 '사과', '사자'처럼 두 글자 단어인데 뒷글자만 다른 카드를 책상 위에 놓고 어른이 말하는 것을 선택하는 연습을 합니다. 잘할 수 있게 되면 이번에는 '다리', '오리'처럼 앞 글자는 다르지만 뒷 글자가 같은 단어카드를 선택하는 연습을 합니다. 마지막으로 '사과', '사자', '다리', '오리' 네 장의 카드를 나열하고 앞 글자와 뒷 글자 모두 주의해가며 지시받은 단어를 선택하는 연습을 합니다.

이 과정을 잘할 수 있게 되면 다른 다양한 두 글자 단어도 연습합니다. 두 글자 단어를 잘 선택할 수 있게 되면 그 다음엔 세 글자 단어로 연습합니다.

또, 말을 할 수 있는 아이의 경우는 선택한 카드를 포인팅하며 "이건 뭐야?"라고 묻고 카드를 읽는 연습을 같이 합니다.

[단어카드와 실물의 매칭]

단어카드를 읽을 수 있게 된 것만으로는 그 단어의 의미를 이해하고 있는지 확실히 알 수 없습니다. 그래서 단어카드와 실물, 혹은 그림카드와 매칭을 합니다. 예를 들어 '사과', '사자', '다리', '오리' 네 장의 단어카드를 나열한 뒤 아이에게 사과 그림카드를 주고 "같은 것끼리 놔"라고 말합니다. 아이가 '사과' 단어카드 위에 사과 그림카드를 겹치게 올리도록 도와줍니다.

매칭을 할 수 있게 되면 이번에는 반대로 실물이나 그림카드를 나열하고, 아이에게 글자가 적힌 단어카드(예를 들어 '사과')를 보여주고, "이거 줘"라고 말합니다. 아이가 사과 그림카드를 선택하면 강화합니다.

이렇게 글자의 단어와 실물과의 대응관계를 가르칩니다. 이 연습은 말을 하지 않는 아이도 할 수 있는 과제입니다.

[글자로 하는 지시에 응하기]

글자를 사용해 물건의 이름뿐 아니라 다양한 동작을 표현하고 지시합니다. 예를 들어 책상에 나무블록을 한 개 올려놓고 '두드려'라고 써 있는 단어카드를 보여주고 "이거 해봐"라고 말합니다. 아이를 촉구로 도와주며 나무블록을 두드리면 강화합니다.

이것을 더욱 발전시켜 종이에 몇 가지 지시를 적고 그 순서에 맞게 다양한 활동을 하는 연습을 하는 것도 좋겠습니다. 예를 들어 '1. 점토, 2. 그리기, 3. 수학프린트, 4. 푸딩' 이라고 종이에 적어서, 책상 옆에 각각의 활동자료를 놓습니다. 하나의 활동을 끝내면 아이가 다음 지시(활동)를 읽도록 도와주고 그 활동을 같이 합니다.

마지막을 보상으로 끝내면 아이도 활동에 더 적극적으로 참여할 수 있습니다.

(2) 글자 쓰기

글자를 읽을 수 있게 되면 조금씩 쓰는 연습도 시작합시다.

먼저 세로, 가로, 십자가, 동그라미 등의 기본적인 모양을 점선으로 그려놓고 그것을 덧쓰도록 가르칩니다. 이어서 글자도 간단한 것부터 덧쓰는 연습을 합니다.

점선을 따라서 잘 쓸 수 있게 되면 다음에는 덧쓰는 것이 아닌 어른이 옆에다 쓴 선이나 글자, 혹은 이미 쓰여 있는 견본을 따라서 쓰는 연습으로 이행합니다.

보고 쓰는 것도 잘할 수 있게 되면 이제는 어른이 글자 하나나 단어를 소리내어 말하고 아이가 들은 소리를 글자로 쓰게 합니다.

07

과거 회상하기

- **목표**

  유치원이나 학교에서 있었던 일 같은 과거의 경험을 기억해서 물음에 대답하고, 스스로 보고하는 하는 것을 가르칩니다. 직전에 한 일부터 조금씩 먼 과거로 거슬러 올라가는 것이 요령입니다.

프로그램 **과거 회상하기**

---

(1) 직전에 한 일

아이가 유치원이나 학교에 가게 되면 부모로서는 유치원이나 학교에서 무슨 일이 있었는지 묻고 싶기 마련입니다. 하지만 그곳에서 있었던 일은 부모가 직접 볼 수 있는 것이 아니기 때문에 아이가 사실과 다른 것을 말하더라도 강화해버리는 일도 있을 것입니다.

그래서 과거에 있었던 일을 말하는 연습은 어른과 함께 체험한 것부터 시작합니다. 아이는 몇 분 전에 있었던 일도 잊어버리거나 무슨 질문을 받고 있는지 이해하지 못하는 경우도 있기 때문에 처음에는 직전에 일어났던 일을 말하는 연습부터 시작하도록 합니다.

아이를 데리고 옆방이나 복도로 가서 손을 잡고 점프를 합니다. 점프를 하면 곧바로 그 자리에서 "뭐했어?"라고 묻고 "점프했어"라고 말하는지 확인해주세요.

아이가 "점프했어"라고 말하면 원래 방으로 돌아가서, 방금까지 있었던 장소를 가리키면서 다시 한 번 "뭐했어?"라고 묻습니다. 아이가 "점프했어"라고 말하면 성공입니다. 말하지 못하면 촉구해줍니다. 점프 외에도 다양한 동작으로 연습해주세요.

잘할 수 있게 되면 질문의 내용을 조금씩 복잡하게 합니다. 예를 들어 "부엌에 갔다 와"라고 지시를 합니다. 아이가 부엌에 가면 따라가서 거기서 가위바위보를 합니다. 방으로 돌아와서 몇 가지 질문을 합니다.

"어디 갔었어?", "부엌"

"부엌에서 뭐했어?", "가위바위보 했어"

"누구랑 가위바위보 했어?", "엄마랑"

과 같은 형식입니다. 만약 대답하지 못하면 부엌에 있을 때 한 번 질문하고 대답할 수 있는지 확인한 후에 다시 방으로 돌아가서 질문해봅니다.

또, 조금씩 먼 과거의 일도 생각날 수 있게 합니다. 예를 들어 부엌에 가서 가위바위보 하고 돌아와서, 한동안 다른 놀이를 합니다. 그리고 "아까 부엌에서 뭐했어?"라고 묻습니다. "가위바위보 했어"라고 말하면 성공입니다. 잘 말할 수 있게 되면 서서히 노는 시간을 늘리면서 다시 물어봅니다.

직전에 있었던 일을 말하는 연습을 할 때 정확하게 말할 수 있게 되면 일상생활로도 일반화시켜줍니다. 또한 서서히 먼 과거의 일도 생각해서 말할 수 있도록 연습합니다.

예를 들어 휴일에 식당에서 외식을 했다고 합시다. 그런 일상과 조금 다른 일은 기억에 남기 쉽기 때문에 꼭 연습의 재료로 사용해주세요.

먼저 식당에서 식사를 하고 있는 중에 "뭐 먹고 있어?"라고 묻습니다. "스파게티"처럼 대답을 하면 강화합니다. 다음으로 식당의 입구를 나왔을 때 다시 "식당에서 뭐 먹었어?"라고 물어봐주세요. 그때도 대답하면 이번에는 집으로 돌아가는 차 안에서 다시 묻습니다. 집에 가서도 한 번 더 물어봐주세요.

이렇게 도중에 몇 번이고 같은 질문을 함으로써 기억을 오래 할 수 있고, 몇 시간 전에 있었던 일도 대답할 수 있게 됩니다. 잘 대답할 수 있게 되면 점점 도중에 하는 질문을 줄이고, 집에 도착해서 "아까 식당에서 뭐 먹었어?"라고 물어봅니다. 또 질문의 내용도 "어느 식당에 다녀왔어?", "누구랑 갔어?", "뭐 타고 갔어?" 등 점점 구체적으로 물어봅니다. 아이의 대답에 대해 공감해주고 강화하는 것을 잊지 않도록 주의합니다.

[유치원이나 학교에서 있었던 일]

부모가 파악할 수 있는 휴일에 있었던 일 등을 어느 정도 정확하게 기억해서 말할 수 있게 되면, 유치원이나 학교에서 돌아왔을 때 그날 있었던 일에 대해 물어봐도 좋습니다. 하지만 부모는 아이가 사실을 이야기하는지 확인할 길이 없는 경우가 많기 때문에 너무 구체적으로 물어도 소용없을 수 있습니다. 급식 메뉴라면 알 수 있지만, 그 다음은 아이가 말하는 것을 의심하지 말고 뭐라고 말을 해도 "그랬구나"라며 공감하며 맞장구를 쳐주면 좋겠습니다.

(3) 요일의 개념

아이가 만 4~5세 이상이라면 요일이나 '어제, 오늘, 내일'의 개념을 가르치고 더욱 먼 과거, 또는 미래의 일에 아이가 관심을 기울일 수 있도록 하면 좋겠죠.

요일을 가르치는 방법은 먼저 '월요일', '화요일', '수요일' 등을 글자로 적은 카드를 준비합니다. 단어 읽기를 가르치지 않은 경우는 사전에 가르쳐주세요. 요일 카드 읽기를 가르친 뒤에 그것을 순서대로 나열하는 것을 가르칩니다.

요일의 순서를 기억하면 일주일의 표를 만들어 냉장고 등 눈에 띄는 곳에 붙입니다. 요일별로 정해진 수업이나 일정이 있으면 해당 요일 아래에 '수영장', '치과' 등을 적어둡니다.

그 위에 '오늘'이라고 쓰여 있는 자석시트를 해당 요일의 윗부분에 붙이고, 그것을 매일 아침 한 개씩 이동시켜줍니다. 그렇게 함으로써 '오늘은 무슨 요일이고 어떤 일정이 있는가'라는 것을 아이에게 가르쳐줄 수 있습니다.

　이 일주일 표를 이용해 "오늘은 무슨 요일이야?", "뭐가 있지?"라는 질문에 대답할 수 있게 되면 '어제'나 '내일'도 자석시트로 만들어 '오늘'의 앞뒤에 붙이고, "어제는 뭐가 있었지?", "내일은 무슨 요일이야?"라는 질문에도 대답할 수 있도록 합니다.

정보교환형 대화

- **목표**

유치원 아이들의 대화를 들어보면 "나 어제 고기 먹었다", "난 카레 먹었어" 등과 같이 서로 자기 이야기를 하는(자랑을 하는) 방식의 대화가 많다는 것을 알게 됩니다. 이러한 '정보교환형 대화'는 비교적 습득하기 쉽고, 게다가 응용 범위가 넓어서 시간을 들여서라도 꼭 가르쳐주세요.

프로그램 **정보교환형 대화**

(1) "이건 코끼리야"

처음에는 구체적인 물건을 가지고 정보교환을 시작합니다. 예를 들어 아이에게 코끼리 모형을 들게 하고 어른은 기린 모형을 듭니다. 어른이 "이건 기린이야"라고 말합니다. 곧바로 아이에게 "이건 코끼리야"라고 말하도록 촉구합니다. 말하면 강화합니다.

이것을 다양한 물건으로 시행합니다. 상자 안에 여러 개의 물건을 넣고 거기서 어른이 하나, 아이가 하나, 좋아하는 물건을 꺼내서 "이건 ○○이야", "이건 ○○이야"라고 서로의 말을 주고받는 연습을 반복해서 합니다.

(2) "나는 코끼리를 가지고 있어"

"이건 ○○이야"라는 정보교환을 잘할 수 있게 되면 그 외에도 다양한 표현법을 연습합니다. 예를 들어, "엄마(아빠)는 기린을 가지고 있어"라고 말하고 아이에게 "나는(혹은 아이의 이름) 코끼리를 가지고 있어"라고 말하도록 촉구합니다.

또는 "엄마는 사과를 먹고 있어"라고 말하면서 사과를 먹는 시늉을 하고, 아이에게도 아이가 가지고 있는 물건을 먹는 시늉을 하면서 "나는 바나나를 먹고 있어"라고 말하도록 촉구합니다.

(3) "사과는 빨간색이야"

자신이 가지고 있는 물건에 대해 이름뿐 아니라 더 다방면의 정보를 교환합니다. 시작하기 전에 가지고 있는 물건의 이름에 이어 그 물건의 색을 말해봅시다.

　어른: "이건 바나나야."

　아이: "이건 사과야."

　어른: "바나나는 노란색이야."

　아이: "사과는 빨간색이야."

　와 같은 방식입니다.

　어른이 물건의 이름을 말하면 아이도 이름을, 색깔을 말하면 색깔을 말하도록 촉구합니다.

　잘할 수 있게 되면, 그 외에도 분류명(바나나는 과일), 형태(바나나는 가늘고 길어), 맛(바나나는 맛있어) 등을 상대방에 맞게 말하도록 합니다. '~(은)는'과 '~도'의 사용을 구별하는 것이 어려우므로, 이번 단계에서는 일단 '바나나는 과일'에 대해 '사과는 과일'이라고 말하는 정도만 해도 괜찮습니다.

(4) 자신에 관한 정보의 교환

　가지고 있는 물건에 관해 다방면으로 정보를 교환할 수 있게 되면 이번에는 자신과 관련된 정보를 교환하는 연습을 합니다.

　예를 들어,

　어른: "나는 엄마야."

　아이: "나는 ○○(본인의 이름)이야."

어른: "엄마는 20살이야."(이때, 아이가 알아들 수 있도록 실제보다 나이를 적게 말합니다.)

아이: "나는 5살이야."

어른: "엄마는 빨간 옷을 입고 있어."

아이: "나는 갈색 옷을 입고 있어."

어른: "엄마는 서 있어."

아이: "나는 앉아 있어."

어른: "엄마는 사과를 좋아해."

아이: "나는 딸기를 좋아해."

와 같은 느낌입니다.

(5) '~(은)는'과 '~도'

정보교환형 대화를 잘할 수 있게 되면 뒤로 미루고 있었던 '~(은)는'과 '~도'의 사용을 구별하는 것을 가르칩니다.

책상에 아이가 보기에 오른쪽부터 바나나와 컵을 둡니다. 어른 쪽에는 왼쪽부터 사과와 컵을 놓습니다. 즉 바나나와 사과, 컵과 컵이 마주보게 놓습니다.

먼저 어른이 사과를 들고 "이건 사과야"라고 말합니다. 아이가 바나나를 들고 "이건 바나나야"라고 말하면 강화해줍니다.

다음으로 어른이 컵을 들고 "이건 컵이야"라고 말합니다. 아이가 또하나의 컵을 들면 곧바로 "이것도 컵이야"라고 말하고 따라 하도록 촉구합니다. "도"를 강조하며 말해주는 것이 핵심입니다.

이 연습을 다양한 물건으로 시행합니다. 책상에 아이 쪽에 4~5개의 물건을 나열하고, 그에 맞게 어른 쪽에도 같은 수의 물건을 나열합니다. 그중에 두 개 정도는 아이와 같은 쪽(마주보게)에 같은 물건을 놓습니다. 좀전과 같은 방법으로 오른쪽부터 차례대로 "이건 ○○이야" "이건 ○○이야"라고 말하고, 같은 물건일 경우에는 아이가 "이것도 ○○이야"라고 말할 수 있도록 촉구해줍니다.

잘할 수 있게 되면 다양한 상황에서 응용해주세요. 예를 들어 가지고 있는 물건에 관한 정보를 교환하는 경우에는 "이건 사과야", "이건 바나나야", "사과는 과일이야", "바나나도 과일이야"라고 말하게 합니다.

또 자신의 경험에 대해서도, "엄마는 놀이동산에 간 적이 있어"라고 말하면 "나도 놀이동산에 간 적이 있어"라고 아이가 말할 수 있도록 연습합니다.

(6) 과거의 경험

과거의 경험을 말할 수 있게 되면 그것도 정보교환형 대화에 응용할 수 있습니다. 예를 들어 간식시간에 엄마는 과자를, 아이는 케이크를 먹었다고 합시다. 간식을 다 먹고 난 뒤에 그 내용을 화제로 대화를 시작합니다.

어른: "아까 간식 먹을 때, 엄마는 과자를 먹었어."

아이: "나는 케이크를 먹었어."

어른: "엄마는 홍차를 마셨어."

아이: "나는 우유를 마셨어."

어른: "과자는 맛있었어."

아이: "케이크도 맛있었어."

이런 식으로 대화를 할 수 있게 되면 아이와 지내는 시간이 훨씬 즐거워질 수 있습니다. 꼭 연습해주세요.

감정을 동반한 자발적인 질문을 유도하다

가나가와현 거주 오리나카 요시미 씨

이 과제를 시작한 것은 딸이 만 4세가 되었을 무렵입니다. 처음에는 어른이 "이거, 뭐야?"라고 말하고 촉구하면서 "몰라, 이거 뭐야?"라고 말하게 하는 연습부터 시작했습니다. 하지만 이 방법은 이름을 외워버리면 자발적인 질문을 끌어내지 않게 된다는 단점이 있었습니다.

집 안에는 이름을 모르는 물건이 이미 너무 적었습니다. 그래서 한동안 공구상자에 든 '펜치'나 '드라이버' 등을 이용했지만, 딸은 이것도 금방 이름을 외워버렸습니다.

또 외출한 곳에서는 모르는 물건이 많이 있었지만, 부모가 "앗, ○○이다!"라고 불필요하게 이름을 말해버리는 경우가 많다는 것을 알게 됐습니다. 이래서는 딸이 의문을 품거나 질문을 하는 기회가 없다고 생각해, 무언가 발견하면 딸이 의식해서 스스로 질문하는 것을 기다리기로 했습니다. 이름을 모르는 물건을 딸이 발견하지 못하면 어른이 "앗!" 하면서 손가락으로 가리키거나, "이거 뭔지 알아?"처럼 물어봤습니다. 그 결과 "이거 뭐야?"를 끌어낼 때도 있었지만, 뭔가 형식적으로 말하는, 정말로 알고 싶어 하는 느낌은 아니었습니다.

그러다가 "누구야?"라는 질문을 끌어내기 위해 사람의 이름을 묻는 과제가 그 형식적인 느낌을 타파할 수 있는 계기가 되었습니다. 그 과제를 할 때 뉴스에 매일 같이 얼굴이 나오는 사람으로 당시 수상이었던 '고이즈미 씨'와 메이저리그의 '마츠이 씨', '이치로 씨'를 가르쳐줬습니다. 그랬더니 딸은 '마츠이 씨'가 마음에 들었는지 야구선수를 보면 전부 "마츠이 씨!"라고 말하게 되었고, 그때마다 제가 "아니야, 이 사람은 ○○"이라고 가르쳐주는 것을 반복하게 되었습니다.

어느 날, 신문에 누군가 야구선수의 사진이 크게 실려 있었습니다. 그것을 본 딸은 전처럼 "마츠이 씨"라고 말했습니다. 저는 "아니야"라고만 말하고 그 사람이 누구인지는 바로 말해주지 않았습니다. 그랬더니 딸이 갑자기 "이거 누구야?"라고 자연스럽게 말했습니다.

그 뒤로 바로 일반화된 것은 아니었지만, 이 한 가지 사건으로 시작해 조금씩 자발적인 질문을 하는 빈도가 높아지고 있습니다.

Step 4

동작 모방으로 글자를 쓸 수 있게 되다

니가타현 거주 사카즈메 센리 씨

　아들은 어릴 때부터 누르면 소리가 나는 장난감을 매우 좋아했습니다. 누르면 히라가나 50음 소리가 나오는 장난감을 자주 가지고 놀다가, 취학 전에 히라가나를 읽을 수 있게 되었습니다. 하지만 쓰는 것에는 전혀 흥미가 없어서 쓰게 하려고 하면 금방 싫증을 내며 연필을 집어던지곤 했습니다. 초등학교 1학년이었을 때, 1년 동안 덧쓰기를 계속 연습했지만 'し(시)'와 'つ(쓰)'만 쓸 수 있었지요. 그래서 글씨 쓰는 것은 무리인가 하고 낙담하고 있을 때 ABA 세미나에서 동작 모방으로 글씨 쓰는 방법을 배워 집에서 해보기로 했습니다.

　"이렇게 해봐!"라고 지시하면서 흰 종이 위에 시범을 보여주며 쓰고 그 아래에 따라서 써보게 했지만, 아들은 금방 손에서 시선이 떨어져 쓰지 못했습니다. 글씨를 쓰기 위해 필요한 동작 모방 스킬이 덜 습득되었기 때문이었습니다. 그래서 동작 모방을 큰 동작부터 다시 시작해, 가로선, 세로선, 사선, 곡선을 긋는 연습을 하고 히라가나를 쓰는 학습을 했습니다.

　한 획으로 쓸 수 있는 글자도 한 번에 쓰는 것이 어려웠기 때문에, 예를 들어 'て(테)'는 제가 가로선 부분을 먼저 써두고 'て(에서 위에 가로 선을 뺀 글자)' 부분만 쓰게 했습니다. 그러고 나서 익숙해지면 글자 전체를 "이렇게, 이렇게"라고 2단계로 지시하면서 쓰게 할 수 있었습니다. 쓴 직후에 "이거 뭐야?"라고 물으면 "테!"라고 자랑스럽게 대답해줬습니다. 그리고 반복해서 연습하는 동안 "테(て), 써봐"라고 말만 해도 쓸 수 있게 되었습니다.

　이런 식으로 탁음, 반탁음도 포함한 모든 히라가나를 쓸 수 있게 되기까지 약 9개월이라는 시간이 걸렸습니다. 그 뒤로 물건이나 동작 그림 카드를 보여주고 그 내용을 쓰게 했고, 차차 짧은 문장을 쓸 수 있게 되었습니다. 3학년이 되자 간단한 일기를 쓸 수 있게 되었고, 5학년이 된 지금도 계속해서 연습하고 노력하며 격려해주면서 자신감을 키워주고 있습니다.

　이 과제는 아들에게는 단조롭고 질리기 쉬운 연습의 반복이었을 거라 생각됩니다. 너무 천천히 걸어야 해서 힘들어했지만 포기하지 않고 열심히 해줘서 정말 고마웠고 저에게도 보람이 있었습니다.

Step 4

두 가지 강화:
강화 시 주의해야 할 것

• 그 행동은 정말로 강화제로 강화되고 있는가?

치료실에서와 같은 절차로 말을 걸어도 집에서는 엄한 태도로 강하게 촉진시키지 않으면 대답을 하지 않는 경우가 있습니다. 예를 들어 일상생활로 일반화하려고 할 때 다음과 같은 상황이 있을지 모릅니다.

어른: "이름이 뭐야?"

아이: "……."

어른: "좀! 여기 좀 봐봐! '이름이 뭐야?'라고 말하고 있잖아!"

아이: "…… 준영이."

이 예에서는 "여기 좀 봐봐!"라는 혐오제가 제시된 상태에서만 겨우 응답하며 응답행동이 자발적이지 않다는 것을 보여주고 있습니다. 질문에 대해 응답하는 행동은 본래, 상대방의 "그렇구나!"나 "알려줘서 고마워"와 같은 사회적 반응이 강화제가 되는 것이 이상적입니다. 결코 심문에 대답하는 것을 가르치는 것이 아닙니다.

제1장에서 행동을 늘리는 원리에는 두 가지 방법이 있다는 것을 배웠습니다. 거기서 설명한 '행동분석기법의 네 가지 원리'(45페이지 참조)를 조금 구체적으로 하면 다음 페이지의 그림처럼 됩니다. 언뜻 같은 학습

상황처럼 보여도 강화제의 제시에 의한 학습(그림 위)과 혐오제의 제거에 의한 학습(그림 아래)이라는 차이가 있음을 알 수 있습니다.

여기서의 문제는 아이의 응답행동이 '혐오제 제거에 의한 강화'라는 것을 지도자가 의식하지 못하고, '강화제를 주고 있으니 강화제에 의한 강화겠지'라고 생각해버리는 것입니다.

ABA뿐 아니라 많은 과제학습상황에서는 강화제의 제시와 혐오제의 제거가 조금씩 섞여서 이루어지고 있습니다. 즉, 적절한 응답행동에는

〈강화제 제시에 의한 학습〉

어른이 온화하게 질문하고 있습니다. 아이의 표정은 보통입니다.

아이의 응답을 어른이 기쁘게 칭찬하고, 아이도 기뻐하는 모습입니다.

〈강화제를 제시하지만, 주로 혐오제(질책)의 제거에 의해 성립되는 학습〉

어른이 엄한 얼굴로 질문하고, 아이는 긴장한 듯한 표정입니다.

아이의 응답을 어른이 엄한 표정으로 칭찬하고, 아이는 안심하는 듯합니다.

Step 4

강화제를, 무반응이나 오반응에는 혐오제를 제시함으로써 적절한 응답
행동을 강화하지요. 하지만 아무리 강화제를 제시한다고 해도, 그 강화
제의 효력보다 혐오제가 없어지는 것에 의한 강화력이 더 크면 아이에
게 있어서는 혐오제의 제거로써 행동이 정착되어버립니다.

서두에 들은 예시에서는 질문에 대해 주의를 기울이는 것이 어려운
아이라 '엄격한 태도로 강하게 촉진시키지 않으면 응답하지 않는다'는
점에서부터 '혐오제 제거(여기서는 엄격한 태도의 제거)에 의한 강화'에 의
한 응답학습이 진행될 가능성이 있습니다. 혐오제가 없는 상태에서는
행동이 일어나지 않는 것이 당연한 것입니다.

• 아이의 반응 잘 관찰하기

예전에 제가 자폐아이의 언어훈련에서 응답행동을 가르칠 때 다음과
같은 일이 있었습니다.

두 명의 자폐아이가 각기 다른 교실에서 짝꿍과 놀고, 그것을 치료사
에게 보고하는 과제를 각기 다른 치료사에게 배우고 있었습니다. 예를
들어, "야마다랑 미끄럼틀을 탔어"라고 아이가 보고하면 치료사는 "그
랬구나. 미끄럼틀을 탔구나. 재미있었겠다"라고 말해주는 식입니다.

한 아이는 눈을 마주치지 않고 치료사의 "그랬구나, ○○했구나" 등
의 피드백에도 전혀 관심을 주지 않았고 보고를 마치면 쏜살같이 뛰어
가 버렸습니다. 그랬던 아이에게 휴식시간에 다른 놀이를 시작할 즈음
에 치료사가 아이에게 논 것에 대해 질문하면 아이는 "쉬는 시간!"이라
고 말했습니다. 즉 "지금은 과제 시간이 아닌 쉬는 시간이기 때문에 대

답 안 할래요"라는 반응을 보인 것입니다.

이 일로 과제시간의 그의 응답행동은 치료사의 코멘트나 피드백에 의해 강화된 것이 아니라, 그야말로 언어과제(혐오제)가 끝나는(제거) 것으로 강화된 것은 아닌가 생각해보게 되었습니다.

다른 아이는 응답행동의 일반화도 잘 되고 자발적인 대화도 범위를 넓혀가고 있었지만, 치료사의 반응이 강화제가 되지 못했던 아이는 치료사가 강하게 묻지 않으면 대답하지 않는 상황에서 벗어나지 못하고, 좀처럼 자발적인 대화로 넓혀가지 못하고 있었습니다.

자폐아이는 이렇게 사회적인 반응이 강화제가 되지 못하는 경우도 있다고 알려져 있습니다. 그래서 더더욱 요구하기 외의 응답행동 과제를 할 때는 피드백에 주의를 기울여야 합니다. 대화 중에 응답을 하면 "잘 대답해줬네"라고 이해하기 쉬운 반응과 칭찬을 하고, 얘기해준 것에 대한 감사 표시로 악수나 간지럽히기와 같은 아이가 싫어하지 않는 관계적인 자극을 강화제로 제시합니다. 그리고 어른이 응답한 뒤의 아이의 모습을 주의 깊게 관찰합니다.

또 간식이나 음식 등의 일차원적인 강화제로만 치료를 하고 있는 경우는 시기를 잘 살펴 토큰이나 대인관계적인 강화제로 조금씩 이행하는 것이 중요합니다.

이것은 다른 지도과제에서도 마찬가지입니다. 혐오제의 조절에 따라 과제 지시에 따르게 하는 것이 아니라 환경을 어떻게 바꾸면 좋을지 연구하고, 과제의 난이도나 양, 아이의 발달이나 관심분야에 알맞게 피드백하고 있는지를 점검하는 것이 매우 중요합니다.

Step4

보다 자연스럽고 풍부한 대화

집에서 배운 의사소통 스킬을
유치원, 학교에서도 발휘할 수 있도록
타인의 감정에 공감하기, 타인의 기분과 생각 추측하기 같은
상대방을 고려한 대화법을 배웁니다.

상급 의사소통

.
.
.

　　이 단계에서는 유치원부터 초등학교 저학년에 걸쳐, 비교적 의사소통 능력이 높은 아이를 대상으로 상급 의사소통 스킬을 가르치는 프로그램을 소개합니다.

　먼저 가정에서 가르치는 의사소통 스킬을 원이나 학교에서 발휘할 수 있도록 돕는 수단인 또래학습(peer training)과 그림자기법(shadowing)을 소개합니다. 또래학습은 또래 친구(peer)를 상대로 하는 대화나 놀이 등의 연습을 하는 것입니다.

　그림자기법은 지도자나 보호자가 유치원이나 학교에 같이 가서 학업이나 친구들과의 관계를 도와주는 것입니다. 또래 친구들과 함께하는 집단 안에서 아이가 의사소통 스킬을 발휘하도록 돕는 중요한 방법입니다.

다음으로는 '공감과 타인 시점'의 문제를 다룹니다. 고기능자폐아이는 말하는 것 자체는 잘하지만, 타인의 감정에 공감하거나 상대의 기분이나 생각을 추측하는 것이 어렵습니다. 그래서 의도치 않게 친구의 기분을 상하게 하거나, 집단 안에서 고립되어버리거나, 부적응 상태를 보이는 원인이 되기도 합니다. 이러한 능력을 높이기 위한 프로그램을 제안합니다.

또 문법상의 문제를 다룹니다. 자폐아이는 말을 잘 하더라도 능동태와 수동태의 사용 구분이나, '주다', '받다', '~해주다'의 사용구분 등이 특히 어렵습니다. 이것은 아마도 타인 시점에서 생각하는 것에 대한 어려움에서 오는 자폐아이 특유의 문제라고 생각됩니다. 하지만 이러한 사용구분도 연습하면 어느 정도 커버될 수 있으므로 그 프로그램을 소개합니다.

대화 기술로는 Step4에서 정보교환형 대화를 연습했습니다. Step5에서는 상대의 말이나 행동에 대해 맞장구를 치거나, 감상을 말하는 코멘트, 또는 적절한 질문을 하는 것을 가르칩니다.

이러한 기술들을 자유자재로 구사할 수 있게 되면 보다 자연스럽고 풍부한 내용으로 이야기할 수 있게 됩니다.

만 5세 정도부터 정상발달아이들의 대화는 비약적으로 증가하고, 어른이 사용할 법한 어려운 말도 때때로 사용하게 됩니다. 때문에 말이 적은 아이는 언젠가부터 친구들과의 대화에 따라갈 수 없게 되는 경우도 있습니다. '말의 세계 넓히기'에서는 연령에 맞는 대화나 개념을 늘리는 것을 과제로서 다룹니다.

마지막으로 초등학교 통합반에 입학한 고기능자폐아이를 염두에 둔 의사소통 상의 미묘한 문제를 다룹니다. 많은 자폐아이는 상대의 흥미에 관계없이 자신의 관심사에만 몰두해서 말하거나 장소의 분위기에 맞지 않는 돌발행동이나 발언을 해버리는 등 문맥을 이해하고 의사소통하는 것이 어렵습니다. 그래서 이러한 문제에 어떻게 대처하면 좋을지에 대한 몇 가지 방법을 제안합니다.

또래학습과 그림자기법

• **목표**

가정에서 익힌 의사소통 스킬을 원이나 학교에 일반화시키는 방법
으로, 또래학습과 그림자기법이 있습니다. 또래학습은 또래 친구를
집에 불러서 자폐아이의 놀이 상대, 이야기 상대가 되어주게 하는 것
입니다.

그림자기법은 어른이 학교에 따라가는 것으로, 지도자나 보호자가
수업시간이나 자유시간에 아이에게 붙어서 가정에서 학습한 것을
원이나 학교에서 발휘할 수 있도록 지원해주는 것입니다.

프로그램 **또래학습과 그림자기법**

---

(1) 또래학습

가정에서는 어른과 어느 정도 의사소통도 하고 놀이도 할 수 있는데,
원이나 학교에서는 친구들과 잘 이야기하거나 놀지 못하는 아이들이
많습니다. 이럴 때는 원이나 학교, 또는 근처에 사는 또래 친구에게 부
탁해 집으로 놀러오게 하고, 가정에서 그 친구와 이야기 나누거나 놀거
나 하는 연습을 하면 효과적입니다. 이것을 '또래학습'이라고 합니다.

[피어 찾기]

피어(peer)로써 어떤 아이가 적합할지에 대해서는 한마디로 표현할 수 없습니다. 반드시 또래여야 할 필요는 없고, 조금 어려도 나이가 많아도 괜찮습니다. 하지만 어른의 지시를 비교적 잘 따라주는 아이면 좋겠죠.

이웃이나 원이나 학교에서 친해지게 된 보호자에게 사정을 이야기하고 그 분의 아이에게 주 1회 혹은 2~3회 집으로 오게 하면 좋겠습니다.

피어는 처음에는 당분간 한 명으로 합니다. 한 번에 여러 명을 만나게 하면 그 친구들끼리 놀아버리게 되는 경우가 생겨, 자폐아이가 같이 어울려 놀기 힘들어지기 때문입니다.

[무엇을 하는가]

또래학습의 목표는 아이가 또래 아이와 의사소통을 하거나 노는 것이 가능하도록 하는 것입니다. 그러기 위해서 무엇을 하면 좋은지는 그 아이가 가지고 있는 기술에 따라 달라집니다.

아이가 아직 어른과도 대화나 관계놀이를 잘하지 못하면, 우선 피어에게 지시를 하게 하고 그 지시에 아이가 따르는 연습을 하거나, 피어의 동작을 따라 하게 하거나, 피어의 옆에서 장난감을 공유하면서 병행놀이(아이끼리 거의 관계하지 않으면서 같은 놀이를 하는 것) 연습을 하는 등과 같은 것부터 시작하면 좋습니다.

아이가 이미 어른과 어느 정도 대화를 하고 관계놀이를 할 수 있다면, 피어와 아이끼리도 어른과 하는 것처럼 할 수 있도록 연습합니다.

예를 들어, 어른이 먼저 트럼프로 하는 카드게임, 볼링게임, 다트게임 등의 간단한 규칙이 있는 놀이를 가르쳐줍니다. 그 다음에 피어와 가르친 게임을 같이 하면서 언어적인 의사소통을 하거나, 자신의 순서를 기다리기, 역할 교대하기 등을 할 수 있게 되는 것을 목표로 합니다.

어른이 선생 역할을 하면서 학교소꿉놀이를 해도 좋습니다. 예를 들어 아이의 이름을 순서대로 부르고, 자신의 이름이 불렸을 때만 대답을 하는 연습을 합니다. 또, 각자 좋아하는 물건을 들게 하고, 그 물건에 대해 모두의 앞에서 설명하는 연습을 합니다.

또래학습은 한 번에 한 시간 정도로 하고, 마지막에는 간식시간을 설정해둡니다. 피어에게 간식이 큰 강화제가 되어서 다음에도 우리 아이와 더 잘 지내기 위한 동기부여가 될 수 있습니다.

(2) 그림자기법

친구들과 잘 어울리기 위한 또 하나의 방법인 그림자기법(shadowing)은 ABA를 기반으로 아이에게 도움을 줄 수 있는 방법을 잘 이해한 어른이 원이나 학교에서 아이 옆에 붙어서, 그때그때 적절한 도움을 주는 것입니다. 이렇게 현장에서 도움을 주는 조력자를 '그림자(shadow)'라고 부릅니다.

그림자는 원이나 학교 측에서 지원해주는 사람이어도 좋고, 보호자 자신이나 보호자가 독자적으로 의뢰한 치료사인 경우도 있습니다. 부모나 치료사가 '그림자'로서 붙기 위해서는 원이나 학교와의 사전 교섭이 필요합니다.

 학교 측의 지원자에게 그림자 역할로 도움받기 위해서는 사전에 ABA의 원리나 지도법을 잘 이해하도록 할 필요가 있습니다. 아이의 담당 선생님께 책을 건네주고 읽어달라고 하는 것도 방법이겠습니다.

 그림자가 해야 할 일은, 그 자리에서의 촉구와 강화입니다. 예를 들어, 노는 시간에 친구가 말을 걸었을 때 아이가 적당한 반응을 할 수 있도록 촉구하여 말하게 하는 것입니다. 아이가 대답을 하면 칭찬으로 강화합니다. 더 나아가 친구의 부름에 응하고 같이 노는 것을 촉진하고, 필요에 따라 도움을 줍니다. 촉구에 의해 아이가 친구와 적절하게 어울릴 수 있게 되면 서서히 촉구를 줄여갑니다.

 쉬는 시간에는 아이가 친구와 의사소통을 할 수 있는 기회가 많아집니다. 하지만 초등학교 선생님은 학업에 관한 도움에 더 많이 주목하기 때문에, 쉬는 시간까지 도움을 주지 않는 것이 보통입니다. 그러한 경우는 학교에 사정을 이야기하고, 쉬는 시간에도 도움을 줄 수 있도록 같이 있을 수 있게 부탁하는 것도 하나의 방법입니다.

Step 5

공감과 타인 시점

- **목표**

  사람들과 의사소통을 할 때, 상대에게 공감하거나 상대의 기분을 추측하는 능력은 굉장히 중요한 것입니다. 하지만 이러한 행동은 자폐 아이에게 특히 어려운 부분입니다. 이런 능력을 보완하기 위한 프로그램을 연습해봅시다.

프로그램 **공감과 타인 시점**

(1) 공감하는 힘을 기르기

당연한 말이지만, 치료할 때도 일상생활에서도 아이와 마음을 서로 나누는 기회를 소중히 여겨주세요. 말을 가르치는 데만 열심이고, 아이의 기쁨이나 슬픔 같은 감정에 둔감하게 반응해서는 안 됩니다.

역으로, 어른의 희로애락도 분명하고 과장되게 표현하도록 합니다. 예를 들어, 다쳤을 때 과장되게 아파하면서 아이의 도움을 끌어낼 수 있도록 합니다. 혹시 아이가 관심을 보이지 않더라도 상처 부위를 "후~후~" 불거나 반창고를 붙이는 시늉을 하는 행동을 가르쳐서 강화해줍니다.

만약 아이가 기쁠 때나 슬플 때 어른의 공감을 얻고자 하는 행동을 하면 마음으로부터 그 기분에 바짝 다가가주세요. 반대로 어른의 아픔이나 슬픔에 대해 아이가 동정이나 도움을 주는 듯한 행동을 했을 때는 그게 아무리 미미한 행동일지라도 과장되게 감사함을 표현하며 강화시켜 주세요.

(2) 소꿉놀이와 역할 교대

되도록 어렸을 때부터 시늉하는 놀이와 소꿉놀이를 가르칩시다. 처음에는 빈 컵으로 마시는 시늉을 하거나, 장난감 햄버거를 먹는 시늉을 하는 것부터 시작합니다. 그리고 서서히 엄마 역할이 되어 아기인형에게 우유를 주거나, 손님이 되어 시장놀이를 하는 소꿉놀이로 발전시켜 갑니다. 처음 몇 달 동안은 흥미를 보이지 않더라도, 계속하는 동안에 어느새 좋아하게 되는 경우도 많기 때문에 포기하지 말고 계속 진행해 주세요.

처음부터 길게 놀려고 하면 실패합니다. 예를 들어, 컵으로 마시는 시늉을 가르칠 때는 아이와 어른 앞에 빈 컵을 한 개씩 놓습니다. "꿀꺽꿀꺽" 하고 말하면서 마시는 시늉을 합니다. 아이가 따라 하면서 마시는 시늉을 하면 곧바로 강화해줍니다. 잘하게 되면, 장난감 햄버거를 칼로 자르는 시늉이나 자른 햄버거를 입으로 가져가는 시늉 등을 가르쳐봅시다. 그리고 컵으로 마시는 모방이나 햄버거를 먹는 모방 등을 계속 하면서 서서히 '식당 소꿉놀이'를 합니다. 가르친 소꿉놀이 도구는 일상생활에도 아이 손에 닿기 쉬운 장소에 둡니다.

Step
5

소꿉놀이를 어느 정도 할 수 있게 되면 어른과 둘이서 소꿉놀이를 하면서 서로 역할을 바꾸는 연습을 합니다. 예를 들어 엄마와 아이가 둘이서 시장놀이를 할 때, "이번에는 ○○가 가게 주인이 되어보자"라고 말하고, 손님 역할과 가게 주인 역할을 가끔씩 바꾸는 것입니다.

이렇게 경험을 쌓으면서 상대의 입장에 서서 생각하기 위한 기초를 다질 수 있습니다.

(3) 타인의 기분 추측하기

인형을 사용한 연극의 형태로 사람들의 기분을 추측하는 연습을 합니다. 뽀로로, 핑크퐁, 호빵맨 등 아이가 좋아하는 캐릭터 인형을 이용하면 좋겠습니다. 단, 손이나 머리의 세세한 움직임으로 인형의 기분을 표현하고 싶다면 손을 넣어 손가락으로 움직일 수 있는 퍼펫인형이 적절합니다. 필요에 따라 구분해서 사용해주세요.

처음에는 단순한 상황부터 시작합니다. 예를 들어 세균맨이 호빵맨을 때려서 호빵맨이 울고 있는 모습을 보여줍니다. "호빵맨은 어떤 기분이야?"라고 묻고 아이가 "슬퍼요"라고 대답할 수 있도록 촉구합니다. 이 외에도 '혼나다', '놀림 당하다', '좋아하는 물건을 뺏기다', '중요한 물건이 고장나다' 등이 "슬퍼요"의 상황들입니다.

반대로, 호빵맨이 칭찬 받거나 좋은 물건을 받거나 달리기에서 일등을 하는 등의 상황에서는 "어떤 기분이야?"라고 묻고 "기뻐요"라고 대답할 수 있도록 촉구합니다.

처음에는 힌트로서 인형이 울거나, "오예~~" 하며 기뻐하는 모습을 보여주지만, 잘할 수 있게 되면 그런 표현이 없어도 상황만으로도 감정을 추측할 수 있도록 해주세요.

[자신의 기분과 비교하기]

아이가 타인의 기분을 추측하는 과제를 하면서, 대답이 단순한 암기가 되지 않도록 되도록이면 아이에게도 비슷한 경험을 할 수 있게 준비해서 같은 기분을 실감할 수 있게 해줍니다.

예를 들어, 아이에게 좋아하는 장난감을 선물하고 아이가 기뻐하면, "어떤 기분이야?"라고 묻습니다. "기뻐요"라고 말하면 "그렇구나~ 기쁘구나"라고 말해주며 강화합니다. 그리고 한 번 더 인형을 가지고 하는 연극으로 돌아가서 같은 방법으로 인형에게 장난감을 선물하고, 인형이

Step 5

과장되게 기뻐하는 모습을 보여줍니다. "인형은 어떤 기분이야?"라고 묻고, 아이가 "기뻐요"라고 대답하도록 촉구합니다.

(4) 타인의 생각을 추측하기

아이가 성장하면, 다른 사람의 감정뿐 아니라 무엇을 생각하고 있을 지에 대해서도 상황으로 추측할 수 있도록 연습합니다.

예를 들어, 식빵맨이 호빵맨이 가지고 있는 사탕을 보고, "호빵맨, 맛 있게 생긴 사탕이다"라고 말하는 장면을 인형극으로 보여줍니다. 그리 고 아이에게 "식빵맨은 무슨 생각을 하고 있을까?"라고 묻습니다. 아이 가 "사탕을 먹고 싶다, 라고 생각해"라고 대답할 수 있으면 성공입니다.

대답하지 못하면, 계속해서 식빵맨이 "사탕 먹고 싶다"라는 대사를 하게 하고, 한 번 더 아이에게 같은 질문을 해봅시다.

이러한 연습을 쌓음으로써 서서히 상대의 기분이나 생각을 추측하는 힘을 기를 수 있습니다.

'주다'와 '받다' 개념

· **목표**

자폐아이는 사람과 사람의 관계를 이해하는 것이 어렵기 때문인지 수동형이나 '주다'와 '받다'와 같은 대인관계의 이해와 연결되는 표현을 어려워하는 경우가 많습니다. 여기서는 그러한 문법표현의 연습을 합니다.

프로그램 **'주다'와 '받다' 개념**

(1) 수동형

"○○에게 터치 당했다"와 같은 수동형의 연습을 합니다.

가르칠 때 처음부터 "엄마가 나에게 터치했다", "나는 엄마에게 터치 당했다"처럼 완전한 문장으로 말하지 않도록 합시다. 처음에는 "터치 했다", "터치 당했다"만 섞어서 사용을 구별하는 연습을 합니다.

먼저 아이와 마주보고 앉습니다. 어른이 아이에게 팔을 내밀며 "터치 해줘"라고 말합니다. 아이가 팔을 만지면 "어떻게 했어?"라고 묻고 "터 치했어"라고 대답하도록 촉구합니다.

다음으로는 어른이 아이의 팔을 만집니다. "어떻게 했어?"라고 묻고 곧바로 "터치 당했어"라고 말해주고 아이가 따라 하도록 촉구해줍니다. 아이가 "터치 당했어"라고 말하면 강화합니다. "엄마가 터치했어"라고 말하면 강화하지 말고 수정해줍니다.

"터치했어"와 "터치 당했어"를 랜덤 로테이션으로 연습하고 틀리지 않게 되면 다른 동작, 예를 들어 "아이 이뻐, 했어", "쿵쿵했어"와 같은 것을 연습해주세요.

몇 가지 동작으로 능동태와 수동태의 사용을 잘 구별할 수 있게 되면 이번에는 목적어를 붙입니다. "엄마를 터치했어", "엄마한테 터치 당했어"처럼 연습하는 것입니다. 이때, 아이에게 여러 가지 물건에 터치할 수 있게 촉구하고 "엄마를 터치했어", "토끼를 터치했어", "호빵맨을 터치했어"처럼 목적어 부분에 사람이나 물건을 바꿔가며 연습하면 익숙해지기 쉽습니다.

같은 방법으로 아이를 터치하는 사람을 여러 명으로 해서 "엄마한테 터치 당했어", "아빠한테 터치 당했어", "누나한테 터치 당했어"를 말로 구별할 수 있게 연습합니다.

다음으로는 같은 상황이어도 주어가 바뀌면 능동태와 수동태가 바뀌는 것을 알고 연습합니다. 이때 아이 이외의 두 명이 하는 행동을 보여주면 덜 혼란스러울 것입니다.

예를 들어, 아빠가 엄마의 팔을 터치합니다. "아빠가…"라고 말해주며 촉구합니다. 목적어에 해당하는 "엄마를"의 부분은 생략해도 괜찮습니다. 아이가 "아빠가 터치했어"라고 말하면 강화합니다.

다음으로는 같은 동작을 한 번 더 보여주고 이번에는 "엄마가…"라고

아빠가?

터치 당했어.

어른이 말하고 이어서 말할 수 있도록 촉구합니다. "엄마가 터치 당했어"라고 말하면 정답입니다.

아이가 도중에 혼란스러워하면 전 단계로 돌아가서 한 번 더 연습합니다. 잘 말할 수 있게 되면 "아빠가 엄마를 터치했어", "엄마가 아빠에게 터치 당했어"라고 완전한 문장으로 말하는 연습으로 이행합니다.

어려운 경우에는 "○○이(가) △△을(를) ~~하고 있어" 하는 그림카드를 활용해서 '○○', '△△', '이(가)', '을(를)', '~~하고 있어', '~~당하고 있어'처럼 글자 카드를 나열해서 문장을 구성할 수 있도록 시각적으로 가르치는 방법도 있습니다.

Step 5

(2) '주다', '받다'

'주다', '받다'의 사용 구분을 가르칩니다.

아이와 마주봅니다. 아이에게 바나나 등을 들게 하고 어른에게 전해 주도록 촉구합니다. 전해주면 "어떻게 했어?"라고 묻고, 곧바로 "줬어"라고 말하도록 촉구합니다.

다음으로 어른이 아이에게 바나나를 전해줍니다. 같은 방법으로 "어떻게 했어?"라고 묻고, 이번에는 "받았어"라고 말하도록 촉구합니다. 촉구 없이도 말할 수 있게 될 때까지 연습합니다. 말할 수 있게 되면 '줬어', '받았어'를 무작위로 섞어서 연습해주세요.

바나나로 랜덤 로테이션을 성공하면, 그 외에도 다양한 물건으로 '줬어', '받았어'라고 동사만 말하는 연습을 해주세요. 그렇게 먼저 '본인 → 상대'는 '주다', '상대 → 본인'은 '받다'라는 사용구분을 학습합니다.

이것을 잘할 수 있게 되면, 목적어를 붙인 연습을 합니다. "바나나를 줬어", "바나나를 받았어"라고 말할 수 있도록 합니다. 다른 물건으로도 연습해주세요.

다음은 간접목적어를 붙인 연습입니다. 같은 상황에서 아이가 어른에게 바나나를 건네면 "엄마한테 바나나를 줬어", 어른이 아이에게 바나나를 건네면 "엄마한테 바나나를 받았어"라고 말할 수 있도록 합니다. 다른 가족에게도 도움을 받아 다양한 사람과 연습해주세요. 잘할 수 있게 되면 마지막으로는 주어를 붙여서 "내가 엄마한테 바나나를 줬어", "내가 엄마한테 바나나를 받았어"라고 말하는 연습을 합니다.

[주어를 지정하여 말하기]

'주다', '받다'의 구별이 잘 되면 "내가 줬어", "엄마가 받았어"처럼 주어를 지정하여 말하는 연습을 합니다.

좀전의 바나나를 예로 들어, 어른이 아이에게 바나나를 건넬 때 이번에는 "엄마가…"로 주어를 지정하고, "엄마가 바나나를 줬어"라고 말하도록 합니다. 같은 상황에서 "내가…"라고 주어를 지정하면 "내가 바나나를 받았어"라고 말할 수 있도록 합니다. 삼자 간의 상호작용도 연습해 주세요.

대화의 발전

> **· 목표**
>
> Step4에서 익힌 정보교환형 대화를 더 발전시켜 감상 코멘트나 적
> 절한 질문 등을 더해서 보다 자연스러운 대화를 할 수 있도록 가르
> 칩니다.

프로그램 **대화의 발전**

"나는 얼마 전에 초밥을 먹었어"와 같은 아이들이 주로 자랑하듯이
하는 말에 대해 다양한 반응이 있을 수 있습니다. Step4에서 연습한 정
보교환형 대화였다면, "나는 스파게티 먹었다"라고 대답했겠지만, 항
상 서로 자랑만 하면 이야기가 계속 평행선을 이루게 됩니다. 그래서 그
외에도 "오~ 좋았겠다"라는 감상 코멘트나 "그래? 어디 초밥집으로 갔
어?"라는 적절한 질문을 할 필요가 있습니다.

(1) 맞장구치기

먼저 가장 간단하게 되받아칠 수 있는 것은 "아~", "그렇구나"와 같은
짧은 맞장구를 치는 것입니다. 상대방의 이야기에 어떻게 대답하고 반

응해야 할지 잘 모를 때는 일단 맞장구를 치면 이야기가 이어질 수 있습니다. 그러므로 맞장구를 치는 연습을 시작해봅시다.

아이에게 뭔가 화제를 제공할 수 있는 말을 걸어봅니다. 예를 들어 "엄마, 배가 고프네~"라고 말해봅시다. 아이가 곧바로 대답하지 않으면 "그렇구나"라고 말할 수 있도록 촉구합니다. 단, 아이가 "나도 배고파"라고 정보교환형 대화로 대답하면 당연히 칭찬해주셔야 합니다.

그 외에도 "엄마, 아까 장 보고 왔어", "엄마, 어제 이마를 부딪혔어"처럼 다양한 말을 걸고, "그렇구나"나 "아~"처럼 일반적인 맞장구를 칠 수 있도록 촉구합니다.

(2) 감상 코멘트

다음으로, 상황에 맞는 감상을 말할 수 있도록 가르칩니다. 예를 들어, "엄마, 어제 이마를 부딪혔어"라고 말하면 "아… 아팠겠다"라고 말할 수 있도록 촉구합니다. 앞에 "아"는 생략해도 됩니다. "엄마, 어제 아이스크림 먹었다!"라고 말하면 "와~ 좋았겠다"라고 말하도록 촉구합니다.

이렇게 상대의 아픔에 대해서는 "아팠겠다", 상대의 기쁜 일에 대해서는 "좋았겠다"라고 구분해서 말하는 것부터 시작하면 좋습니다.

잘할 수 있게 되면 점점 감상 코멘트의 레퍼토리를 늘려갑니다. 예를 들어, "엄마, 얼마 전에 커다란 개한테 쫓겼었어"라고 말하면 "무서워~", "할아버지는 옛날에 소방대원이었단다"라고 하면 "멋지다!" 등과 같이 늘려갑니다.

Step 5

다음으로는 적절한 질문을 하는 것을 가르칩니다. 예를 들어 앞에 "엄마, 배가 고프네"에 대해 "뭐 먹고 싶어요?"라고 되묻는 것입니다.

가르치는 방법은, 처음에는 질문을 끌어낼 키워드와 같은 말을 처음에 포함합니다. 예를 들어 "엄마, 뭐 좋은 거 먹었어"라고 말하면 "뭐 먹었어?", "재밌는 곳에 갔다 왔어"라고 말하면 "어디 갔다 왔어?"라고 되묻는 것을 가르칩니다. 이것은 비교적 가르치기 쉬운 스킬입니다.

잘할 수 있게 되면 좀 더 애매한 키워드에 대해서도 반응할 수 있도록 합니다. 예를 들어 "엄마, 식당에 다녀왔어"라고 하면 "뭐 먹었어?", "기차 타고 왔어"라고 하면 "어디 다녀왔어?"라고 묻도록 가르칩니다.

[동기부여의 연구]

질문이 표면적인 질문으로 끝나지 않게 하기 위해 아이의 동기를 꾸준히 올려줄 수 있도록 연구합시다.

예를 들어 마트에 가서 아이가 좋아하는 푸딩을 사서 냉장고에 숨겨 둡니다. 아이에게 "엄마, 마트 다녀왔어"라고 말합니다. 아이가 "뭐 샀어?"라고 물으면 "푸딩 샀지. 먹을래?"라고 되물어봅니다. 아이가 "응"이라고 말하면 푸딩을 꺼내줍니다.

잘할 수 있게 되면 이것을 좀 더 길게 늘려봅니다.

예를 들어,

"엄마, 어제 곤란한 일이 있었어"

"무슨 일이 있었어?"

"요리하려고 하니까 계란이 없는 거야. 그래서 급하게 장 보고 왔어"

"어디로 갔어?"

"○○(자주 가는 마트 이름)에 갔다 왔지. 거기서 계란이랑 또 하나 더 샀어"

"뭐 샀어?"

"푸딩 샀지. 먹을래?"

"응"

"자, 그럼 간식으로 먹자"와 같은 방식으로 마지막에는 반드시 강화물로 끝날 수 있도록 연구하면, 긴 대화를 할 때도 동기가 잘 유지될 수 있습니다. 꼭 시행해주세요.

(4) 사용 구분

같은 화제를 제공하는 형식으로 누가 말을 걸었을 때 그에 대해 되받아칠 수 있는 말을 여러 개 가르치면, 당연히 그것들을 구분해서 사용하는 데 문제가 생깁니다. 하지만 너무 세세한 규칙은 정하지 말고, 아이가 한 가지 형식만 너무 자주 사용하는 것 같으면, 다른 방식의 말도 촉구해서 가르쳐주는 방법으로 차분하게 사용 구분을 촉구해줍니다. 예를 들어 항상 정보교환형으로 되말하기만 하는 아이는 때때로 감상코멘트를 말할 수 있도록 촉구해줍니다.

말의 세계 넓히기

· 목표

정상발달의 아이는 만 5세~초등학생일 때 말의 세계가 크게 확장됩니다. 어휘도 현격히 늘어나고, 긴 문장으로 말하거나 어떤 일을 한 이유에 대해서 설명하는 능력도 좋아집니다. 자폐아이도 되도록 연령에 맞는 말이나 설명하는 능력을 가질 수 있도록 도와줍시다.

프로그램 말의 세계 넓히기

(1) 어휘 늘리기

아이가 성장함에 따라 주위의 어른이나 아이가 사용하는 말의 다양성이나 개념의 난이도도 높아집니다. 하지만 자폐아이는 정상발달아이에 비해 주변 사람들과의 상호작용으로 자연스럽게 말을 습득하는 힘이 약합니다.

그래서 어렸을 때는 또래 친구들 사이에서 언어지연이 크게 눈에 띄지 않았던 아이도, 초등학교에 들어갈 때는 언어지연이 눈에 띄게 나타나는 경우가 자주 있습니다. 그렇기 때문에 아이의 성장에 맞춰서 그 연령에 맞는 어휘나 개념을 가르쳐줄 필요가 있는 것입니다.

어떤 말을 가르치면 좋을지에 대해서는 아이가 다니는 유치원이나 학교의 선생님, 친구가 어떤 말을 사용하는지 잘 관찰하는 것입니다.

직접 관찰하기 어렵다면 아이의 연령에 맞는 책이나 학교의 교과서 등에서 아이가 아직 모르는 말을 찾아서 가르쳐주는 방법도 좋습니다.

(2) 애매한 표현의 이해

자폐아이는 애매한 표현의 이해를 어려워한다고 알려져 있습니다. 예를 들어서 "조금 떨어져 줘"라고 이야기하면 어느 정도 떨어지면 좋을지 몰라서 당황할 수 있습니다.

애매한 표현을 가르칠 때 도움 되는 방법은 '비교'입니다. 예를 들어 "조금 떨어져 줘"를 이해하게 하기 위해서는 '조금 떨어져 줘'와 '많이 떨어져 줘'를 서로 대비해서 가르칩니다.

먼저 "조금 떨어져 줘"라고 지시하고, 어른이 문에서 조금만 떨어져서

조금 떨어져 줘….

서는 것을 보여줍니다. 아이에게 따라 하도록 촉구합니다. 그 다음에 "많이 떨어져 줘"라고 지시하고 어른이 멀리 떨어지는 모습을 보여줍니다.

큰 대비를 이해할 수 있게 되면 그 다음엔 조금 미묘한 표현의 차이를 가르칩니다. 예를 들어 "조금 떨어져 줘", "떨어져 줘", "많이 떨어져 줘"처럼 3단계로 나눕니다. 이것도 어른이 먼저 시범을 보이고 아이가 따라 하도록 촉구합니다.

(3) 사회적인 개념

자폐아이가 어려워하는 또 한 가지는 사람과 사람의 관계에 관한 개념입니다. 예를 들어 '친구', '동료', '가족'과 같은 사람과 사람 간의 연결을 표현하는 개념, '약속', '친절', '예의', '답례', '참견' 등과 같은 사람과 사람의 상호작용에 관한 개념 등입니다.

가르칠 때는 말에만 의존하는 것이 아니라 인형을 사용한 연극 등을 통해 이미지로 파악할 수 있는 방법이 좋습니다. 예를 들어 '친절'이라는 말을 가르칠 때는 식빵맨이 떨어트린 지갑을 호빵맨이 주워서 주는 장면을 두 인형이 연기합니다. 그리고 나서 "호빵맨은 어때?"라고 묻습니다. 아이가 "친절해"라고 말할 수 있도록 가르칩니다.

여기서도 '대비'는 중요합니다. 이번에는 식빵맨이 지갑을 떨어트린 것을 세균맨이 봤으면서 모르는 척하는 장면을 연기합니다. 그리고 아이에게 "세균맨은 어때?"라고 묻고 "심술궂어"나 "안 친절해"라는 코멘트를 할 수 있도록 끌어내는 것입니다. 호빵맨과 세균맨의 행동을 대비

시킴으로써 '친절'의 의미를 더 분명히 할 수 있습니다.

(4) 이유

"왜?"라는 질문에 대해 주위에서 일어난 일이나 자신의 행동에 대한 이유나 원인을 설명할 수 있도록 합니다.

예를 들어, 책상 위에 나무블록을 몇 개 쌓습니다. 어른이 거기에 공을 던져서 무너뜨립니다. 무너지면 나무블록을 가리키며 "무슨 일이야?" 라고 아이에게 묻고, 곧바로 "무너졌어"라고 말하도록 촉구합니다. 즉 "공에 맞았어" 등과 같이 대답하지 않도록 하는 것입니다. "무너졌어"라고 말하면, 이어서 "왜 무너졌어?"라고 묻습니다. 이번에는 "공이 쳤기 때문에"라고 말할 수 있도록 도와주세요.

원인이 하나뿐이면 대답을 암기해버리기 때문에, 하나의 현상에 반드시 복수의 원인을 준비해둡니다. 다음은 쌓아올린 나무블록에 장난감 자동차를 부딪히게 해서 무너뜨립니다. "왜 무너졌어?"라고 묻고 "자동차가 부딪혔기 때문에"라고 말할 수 있도록 촉구합니다.

이외에도 인형을 사용한 연극으로, 어떤 원인에 의해 인형이 울고 화내고 하는 이야기를 만들어 연기합니다. 그 뒤에 "왜 울었어?", "왜 화났어?"라고 질문합니다. 일상생활에서도 다양한 상황이나 본인의 행동에 대한 이유를 설명할 수 있도록 연습합니다.

Step5

(5) 긴 문장 만들기

지금까지는 단편적인 하나의 문장이었던 것을 '그래서', '그리고', '하지만'과 같은 접속사를 추가해서 긴 문장으로 이어서 이야기할 수 있도록 합니다.

가르치는 방법은 역시 인형을 사용한 간단한 이야기를 연기해서 보여주는 것입니다. 아이가 다 본 뒤 "지금 본 거, 이야기해줘"라고 말합니다.

예를 들어, "호빵맨이 아이스크림을 먹었어. 세균맨이 아이스크림을 뺏었어. 호빵맨이 화났어. 호빵맨이 호빵펀치 날렸어"라고 아이가 단편적으로 이야기해주면, 다시 한 번 처음부터 이야기할 수 있게 촉구하고 적절한 접속사를 추가시켜줍니다.

아이가 "호빵맨이 아이스크림을 먹었어"라고 말한 직후에 "그런데"라고 말하고 따라 하게 합니다. 아이가 "그런데 세균맨이 아이스크림을 뺏었어"라고 말하면 강화해줍니다. 다른 문장도 같은 방법으로 가르칩니다. 잘 말할 수 있게 되면 서서히 촉구를 없애고 마지막에는 스스로 '그런데', '그래서'와 같은 말을 추가로 말할 수 있도록 합니다.

앞으로 남은 과제

> **• 목표**
> 마지막으로 기본적인 대화능력을 익힌 아이들에게 남은 미묘한 의
> 사소통 문제에 어떻게 대처할지 생각해봅니다.

프로그램 **앞으로 남은 과제**

초등학교에 들어가기 전에 주변 사람들과 어느 정도 대화를 할 수 있게 되고, 지적으로도 어느 정도 수준에 달하고, 조력자 없이 통합학급에 입학한 경우라도, 자폐아이는 여전히 여러 가지 의사소통 상의 문제를 안고 있습니다. 예를 들면 다음과 같은 것들입니다.

- 본인이 흥미를 가지고 있는 것만 이야기한다.
- 분위기를 파악하지 못하고, 엉뚱한 발언을 한다.
- 상대와 적절한 거리를 두지 못하고, 너무 밀착해버린다.
- 농담을 이해하지 못한다. 유머감각이 사람들과 맞지 않는다.
- 독선적인 발언이나 공격적인 발언으로 주위를 화나게 한다.

이러한 문제 때문에 교실에서 고립되거나 왕따를 당하는 경우가 생기거나 학교에 가지 않게 되는 일이 생길지도 모릅니다. 그래서 보호

자로서 이러한 문제들에 어떻게 대처하면 좋을지 연구해봅시다.

(1) 문제에 대한 대처

예를 들어, '본인이 흥미를 가지고 있는 것만 이야기한다'라는 문제가 있다면 다음과 같은 몇 가지 대처법을 생각해볼 수 있습니다.

[아이와 이야기 나누기]

먼저 이 문제에 대해 아이와 직접 이야기를 해보는 방법이 있습니다. 항상 본인이 좋아하는 것만 이야기하기 때문에 가족이나 친구가 좋지 않게 생각할 수 있다는 것을, 만화나 그림 등을 사용하면서 시각적으로 이해하기 쉽도록 본인에게 전달해주고, 어떻게 하면 좋을지에 대해 아이에게 스스로 생각하게 합니다. 일방적으로 "이렇게 해!"라고 말하는 것보다, 스스로 대답을 찾을 수 있도록 촉진시키는 것이 보다 좋은 결과를 불러올 수 있습니다.

[문제를 보다 시각적으로 재현하기]

인형 등을 사용해서 문제를 재현하는 방법도 있습니다. 이때 나쁜 예와 좋은 예를 같이 보여주는 것이 핵심입니다.

여기서도 호빵맨과 그 친구들 인형을 사용해봅시다. 먼저 세균맨이 식빵맨의 이야기를 듣지 않고 일방적으로 자신의 이야기만 하는 나쁜 예를 재현합니다.

그 다음에 좋은 예로 호빵맨이 식빵맨의 이야기를 경청하고 중간 중간 맞장구도 치는 모습을 재현합니다. 그리고 아이에게 "어느 쪽이 좋은 거야?"라고 물어봅시다.

[스스로 연습하게 하기]

아이가 거부감을 보이지 않는다면, "○○도 해봐"라고 말하고 어른을 상대로 '바람직한 대화'를 실제로 시도해보도록 촉구합니다. 이러한 시뮬레이션 연습은 해당하는 현실상황에서 아이의 행동을 바꾸는 효과가 있습니다.

[실행을 확실하게 하기 위해서는]

아이에 따라 이렇게 대화로 해결책을 같이 생각해보는 것만으로도 충분히 효과가 있습니다. 하지만 이것만으로는 큰 효과를 보지 못할 경우, 같이 이야기 나누고 정한 것을 장기적으로 실행에 옮길 수 있도록 대책을 마련해야 합니다.

그러기 위한 방법의 하나로 이야기 나누며 정한 목표를 그날 실행했는지 안 했는지 스스로 자기채점을 하도록 합니다. 처음에는 일주일 동안 하루라도 본인이 '했다'라고 보고하면 칭찬해줍시다. 하지 못한 날이어도 그것을 솔직하게 이야기해준 것에 대해 칭찬해주고, "내일은 잘해보자!" 하고 격려해주세요.

다만, 본인의 보고만으로는 정말로 실행을 했는지 어땠는지 정확히 알 수 없습니다. 그래서 담임 선생님께 여쭤보는 등 아이가 정한 목표를 지키고 있는지 확인해봅니다. 출석카드 같은 시트를 만들어서 그 날 아이가 목표를 수행하면 선생님에게 체크해달라고 하는 방법도 좋겠습니다. 아이가 "잘했다!"라고 자기채점한 날에 선생님도 체크했으면 아낌없이 칭찬해줍시다.

(2) 아이의 장점 기르기

이렇게 방법을 연구하더라도 아이의 의사소통 상의 문제를 모두 해결하는 것은 좀처럼 쉬운 일이 아닙니다. 어느 정도 장애가 있어도 강하게 살아가는 것처럼, 아이의 좋은 점에 주목하거나 그것을 기르기 위한 방법을 연구해봅시다.

발달장애가 있는 아이들은 대인관계의 좌절이나 왕따를 계기로 자신감을 잃고 만사에 소극적이게 되고, 심지어 집에서만 생활하는 은둔형 외톨이가 되는 경우가 있습니다.

하지만 그런 어려움에 직면해도 아이가 의지할 수 있는 기반이 있다면 어떻게든 버티고 이겨낼 수 있겠죠. 공부든 운동이든 취미든 뭐라도 괜찮습니다. 아이가 잘할 수 있는 분야를 찾아보도록 합시다.

또 항상 아이의 장점에 착안해서 그것을 평가해주는 것이 중요합니다. 아이에게도 실패한 것에 대해 뭐라고 하기보다는 모든 일을 좋은 방향으로 해석할 수 있도록 도와줍니다. 부정적인 사고로는 어떤 문제도 해결되지 않습니다.

딸도 친구도 같이 즐길 수 있는 또래학습

오사카부 거주 사사키 케이 씨

딸이 만 2살 반 무렵부터 치료를 시작했습니다. 1년이 지났을 때 간단한 지시를 따르고, 묻는 말에 대답도 하고, 모방도 할 수 있게 되자 치료사 선생님들이 "또래학습을 시작해봅시다"라고 했습니다. 저는 아이와 노는 것이 정말 서툴렀기 때문에 그 말을 들었을 때 저는 걱정과 불안으로 우울증이 올 지경이었습니다.

처음에는 실패의 연속이었습니다. 계획도 제대로 세우지 않고 바로 진행하곤 했는데, 딸은 정상발달아이들의 속도에 전혀 따라가질 못했습니다. 제가 적절하게 또래 아이들을 리드하지 못한 것도 큰 원인 중 하나였을지 모릅니다. 아이들과 함께 있으면 자연스럽게 상호작용이 늘어날 것이라고 너무 안이하게 생각했습니다.

본격적으로 또래학습이 가능하게 된 것은 딸이 어린이집에 가고부터입니다. 제가 그림자로 붙어있기도 했지만, 딸은 어린이집 생활에 곧 적응할 수 있었습니다. 그래서 딸의 친구 엄마에게 사정을 이야기하고 친구를 집으로 부를 수 있게 되었습니다.

이 무렵 저에게 가장 힘들었던 것은 딸에게도 딸의 친구에게도 모두 즐거운 활동을 준비하는 것이었습니다. 친구와 활동하는 것이 딸에게 자연스럽게 강화될 수 있도록 다양한 놀이를 계획했습니다. 예를 들어 어른이 주제를 정해서 큰 종이에 같이 그림을 그리거나, 점토로 동물을 만들어 서로의 작품에 대해 이야기하거나, 간단하게 과자를 만들어보거나 하면서 딸과 친구가 상호작용할 수 있도록 신경을 많이 썼습니다.

처음에는 촉구가 많이 필요했지만 친구가 너무 잘 리드해줘서 그것이 큰 도움이 되어 서서히 어른의 도움 없이도 둘이서만 놀 수 있는 시간이 늘어났습니다.

1년이 지났을 때, 딸은 이 친구가 오는 날을 기대하며 기다리게 되었고, 그러면서 서서히 다른 친구들에게도 관심을 갖게 된 것 같습니다. 지금은 제가 딸에게 하는 것을 보고 주변의 친구들이 같은 방법으로 접근해서 친구가 딸을 강화해주고 있습니다. 그리고 그 친구를 제가 강화하는 관계가 되었습니다.

대화를 발전시키는 연습을 꾸준히

아이치현 거주 도비타 마이코 씨

우리 집의 치료 내용을 소개합니다.

저는 딸에게 맞장구치기, 감상을 말하기, 정보 교환하기, 적절한 질문으로 되묻기, 포인팅하기 등 의사소통의 거의 모든 것을 하나씩 가르쳤습니다.

우리 딸은 특히 감상을 자발적으로 말하게 가르치는 것이 어려웠습니다. 지적인 장애도 있었기 때문인지 어떤 것이 예쁘고 예쁘지 않은지 구별하는 것을 어려워했습니다. 그래서 먼저 예쁜 풍경 사진과 그렇지 않은 풍경 사진을 모아서 "예쁘다", "예쁘지 않다"를 가르쳤습니다. 다른 물건에 대해서도 같은 방법으로 어떤 감상이 적절한지를 가르쳤습니다. 그 결과 최근에 드디어 꽃을 보고 "이쁘다!", 동물을 보고 "귀엽다!"라고 자발적으로 말할 수 있게 되었습니다.

또 하나, 적절한 질문으로 되묻는 과제도 연구가 필요했습니다. 딸의 경우, 말로만 주고받는 형식의 대화에서는 질문을 되묻지 못했습니다. 그래서 질문을 종이에 적어보기로 했습니다. 예를 들어 "①어디?, ②뭐야?, ③왜?"라는 세 가지 질문을 적어서 딸 앞에 놓습니다. 그리고 "엄마 오늘 좋은 곳에 다녀왔어"라고 말합니다. 딸은 종이를 보고 세 가지 질

Step 5

문 중에서 어느 것을 골라 질문하면 좋을지 생각하고 "어디?"를 선택하게 하는 형식으로 과제를 시행했습니다.

이것과 같은 방법으로 다양한 대화 패턴을 연습했습니다. 그 결과 "오늘 저녁밥 뭐야?"나 "지금부터 어디 가?" 등을 자발적으로 물을 수 있게 되었습니다.

현재 대화 연습은 주로 목욕탕에서 합니다. 이유는 딸은 목욕하고 있을 때 가장 편안해하고, 이야기도 활기를 띄기 때문입니다. 욕조 안에서 학교에서 있었던 일을 저에게 이야기해줄 수 있게 되었습니다. 요즘에는 "○○이 낙서해서 선생님이 '안 돼!'라고 혼냈어. 낙서하면 안 돼" 등과 같은 말도 해줍니다.

ABA를 처음 시작했을 때는 이런 대화를 할 수 있을 것이라고는 생각도 못했습니다. ABA를 계속 진행한 덕분에 여기까지 올 수 있었다고 생각합니다. 앞으로도 계속 진행할 것입니다.

진정한 친구가 생기기를 기원하며

미국 거주 가우이 에리코 씨

우리 가족은 미국 동부에서 살고 있고, 딸은 올해 만 9살입니다. 딸은 만 3살 반에 자폐증과 전반적 발달장애 진단을 받았고, ABA를 중심으로 한 치료를 시작해 지금까지 해왔습니다. 학교 성적은 중상 정도입니다. 하지만 사회적인 스킬에 관해서는 정상발달아이의 만 4~5세 수준입니다. 그룹 활동을 할 때는 같이 할 수는 있지만 "둘이서 짝을 지어보세요"라고 선생님이 이야기하면 짝을 찾지 못합니다.

딸의 사회성을 높이기 위한 과제로 현재 학교에서 하고 있는 것은 '소셜 그룹'과 '런치번치'입니다.

'소셜 그룹'은 딸과 다른 한 명의 자폐아이인 남자친구와 비장애 친구 두 명이 함께 학교 심리 선생님이 정한 주제로 이야기를 나누는 활동입니다. 예를 들어 '좋은 행동', '나쁜 행동' 등으로 구분해서 '게임에 졌을 때의 좋은 행동은?'이라고 아이들에게 묻습니다. 정답은 '즐거웠어'라고 말하기, 이겨도 '이겼다!'라고 크게 좋아하지 않기와 같은 것입니다. 반대로 '나쁜 행동'은 울기, 화내기, 상대방에게 욕하기와 같은 것입니다.

'런치번치'는 딸이 좋아하는 친구를 선택하고 같이 점심을 먹는 시도입니다. 이때도 심리 선생님이 같이 동행합니다. 점심시간 이후의 쉬는 시간에는 활동보조 선생님이 함께합니다. 이때는 개입하는 것보다는 관찰을 합니다. 휴식시간이 끝나면 딸에게 리포트를 쓰게 합니다. 딸이 스스로의 행동을 돌아보고 "○○랑도 같이 놀 수 있게 되었어. 친구가 됐어!"라고 기뻐하며 보고하지만, 딸에게는 놀아준 사람이면 모두 친구입니다. 친구의 진정한 의미를 알기엔 아직 이른 거겠죠.

저는 딸이 강화제를 곧바로 주는 형식의 ABA는 졸업했다고 생각합니다. 지금부터는 딸 스스로가 자신의 힘으로 자신의 기분이나 상대의 기분을 이해하는 과정을 거쳐야 한다고 생각합니다. 반에서 가장 인기 많은 사람이 되지는 못하더라도 딸에게 정말 소중한 친구가 한 명이라도 생기기를 바랍니다.

자기관리를 목표로

• '자습 스킬' 지도

아이가 학습을 잘하기 위해서는 지시, 촉구. 강화의 3박자가 잘 맞아야 합니다. 하지만 최종적으로는 스스로 환경 속의 단서들을 이용하고, 모를 때는 질문을 하고, 잘 되면 자기강화를 하는 자기관리(self management)가 가능하도록 지원해야 합니다. '자습 스킬'은 자기관리의 입문 단계라고 할 수 있습니다. 자습 스킬은 장래에 취업을 위해서도 필요합니다. 일하게 될 현장에서는 도움을 주는 사람이 항상 옆에 있을 수는 없기 때문입니다.

다음 페이지의 표는 교실에서의 자습 스킬 지도의 과제분석 스텝과 그 기록용지의 예입니다. 지도자는 아이 바로 옆에서 도와주고, 아이가 촉구 없이도 할 수 있게 되면 조금씩 아이에게서 떨어집니다. 과제 종류나 양도 조금씩 늘려갑니다.

자습의 경우는 프린트물의 매수 등 처음에는 시각적으로 알기 쉬운 '양'으로 끝났음을 표시하면 좋겠습니다. 또 자습 스킬 지도에서 가장 첫 과제는 아이가 이미 잘할 수 있는 과제나 작업을 중심으로 합니다. 그리고 최종적으로는 과제가 끝나면 떨어진 장소에 있는 지도자에게 가지고 갈 수 있도록 합니다.

• '자습'하면서 일어나는 의사소통 스킬

자습 스킬의 지도는 그 안에서 이루어지는 작업뿐 아니라, "다 했어요"와 같은 완료 보고나 "이 부분은 잘 모르겠어요", "가르쳐 주세요" 등의 질문하기, 부족한 물건이나 도구에 관한 요구하기 등 다양한 의사소통 스킬을 연습할 수 있는 좋은 기회가 됩니다.

완료 보고나 적절한 질문에 대해서는 자습을 하기 전에 "다 하면 알려줘", "잘 모르는 부분은 물어봐" 등 언어적으로 촉구해줍니다. 지도자가 필요한 상황이 되어도 자발적으로 하지 못할 때는 지도자가 있는 곳으로 이동하도록 포인팅 등으로 촉구해줍니다. 지도자는 "다 했어요"나 "가르쳐줘요" 등의 카드를 준비해두고, 아이가 지도자가 있는 곳으로 왔을 때 자연스럽게 말하지 못할 경우 지도자가 카드를 보여주며서 촉구합니다. 또 "가르쳐주세요"를 끌어낼 때는 할 수 있는 과제 중에 의도

〈자습 스킬 기록용지의 예〉

행동 항목	시험	1	2	3	4	5	6
1 프린트를 과제 상자에서 꺼낸다.		○	○	○	○	○	○
2 프린트 과제를 한다.				×	○	×	×
3 지도자가 있는 곳으로 이동한다.					▲	▲	▲
4 "다 했어요"라고 말한다.					▲	▲	▲
5 스티커를 받는다.					○	○	○
6 자리로 돌아간다.					○	○	○

적으로 아이가 어려워하는 과제를 한 가지 섞어 놓습니다. 보고나 질문을 잘할 때는 칭찬해줍니다.

• 시간에 의한 행동 컨트롤

자습 과제에 익숙해지면, '자습 → 휴식 → 자습'처럼 휴식을 중간에 도입해서 지속하는 것을 새로운 목표로 합니다. 이것은 집중력 유지와 전환을 학습하는 연습이 됩니다. 과제 중에 어려운 것은 휴식시간 뒤의 자습 시간에 합니다. 휴식이 끝났다는 것을 표시하기 위해 요리할 때 쓰는 타이머나 휴대전화 알람 기능을 사용해도 좋습니다. 이것을 사용할 수 있게 되면 시간에 의해 행동을 컨트롤할 수 있게 됩니다.

휴대전화의 알람 기능은 계약을 해지한 공기계에서도 사용할 수 있고, 여러 스케줄을 한 번에 설정할 수 있어서 편리합니다. 학교에서 사용하는 경우는 진동모드로 해놓으면 다른 아이들에게 방해가 되지 않습니다.

Step5

글을 마치며

아이가 즐거운 인생을 보내는 방법 중 하나로 ABA를 활용한다

　　　　　　ABA를 기반으로 한 지도 프로그램은 세계 곳곳에서 많은 연구자들에 의해 개발되고 있습니다. 그에 반해 ABA 방식을 아이들에게 전달하는 것은 크게 활성화되지 않았습니다. 일부 대학이나 전문기관을 제외하면 소수의 전문가나 학교 선생님을 통해 간접적인 방법으로 전달받는 것이 전부였습니다. 하지만 최근 ABA에 관심있는 부모님이 늘어나면서 관련 부모모임이나 스터디모임 등이 확대되고 있으며 인터넷을 통해 ABA 정보를 접하는 분도 많아졌습니다.

　앞서 출간한《집에서 하는 ABA 치료 프로그램-자폐아이를 위한 생활학습과제 46》에서 소개한 내용은 전문가의 지원이 없더라도 가정에서 무리없이 실천할 수 있도록 내용, 난이도에 특히 유의해 집필하고 편집했습니다. 속편이 되는 이 책은 의사소통 중에서도 발화 지도를 중점으로 한, 보다 난이도가 높은 내용입니다. 의사소통 과제를 잘 진행하기 위해서는 ABA에 대한 확실한 지식을 갖추고, 전문가의 조언을 구할 수 있는 환경에서 시작하는 것을 권합니다.

　ABA를 비롯한 대부분의 치료 프로그램은 길을 따라 쭉 가면 되는 단순한 것이 아닙니다. 아이의 발달이나 특성의 차이에 따라 샛길로 빠지거나 우회도로를 찾으면서 나아가야 할 때도 있습니다. 때문에 고도의 의사소통 스킬을 대상으로 하면 할수록 지도 원리의 이해와 테크닉, 전문가로부터의 지원이 필요합니다. 지도하는 절차의 문제는 물론 아이의 인지·발달적 특성이나 동기부여에 대한 이해가 충분하지 않기 때문에 과제가 잘 진행되지 않는 경우가 많습니다.

'프로그램에 아이를 맞추는 것이 아니라 프로그램을 아이에게 맞출 것'이라는 말은 교육이나 복지 분야의 공통 원칙입니다. 이 책의 프로그램도 각각의 아이에게 맞게 조정하는 과정을 통해, 즉 '아이에게 맞추는' 작업을 통해 아이에 대한 이해를 더욱 깊게 하여야 합니다.

이 책의 프로그램 편을 집필한 후지사카 류지 씨는 ABA 치료의 전문가일 뿐 아니라 자폐아이를 둔 보호자이기도 합니다. 그는 딸에게 말을 가르치기 위해 로바스 박사의 프로그램을 독학해서 시행착오를 겪으면서 집에서 치료를 했고 훌륭한 성과를 보였습니다. ABA 전문가는 우리나라(일본)에도 늘어가는 추세지만 그 수가 절대적으로 부족해 ABA 치료를 원하는 모든 보호자가 전문가에게 치료 서비스를 받기 어렵습니다. 이런 열악한 환경이기에 2000년, 후지사카 씨는 부모들끼리 서로 도울 수 있는 모임인 '쓰미키회'를 만들었고 '쓰미키회'는 NPO법인으로 성장해 이제는 모임에서 치료사를 양성할 정도가 되었습니다.

'아이가 보다 좋은 인생을 살게 하려면 부모로서 무엇을 해주어야 할까?'

많은 보호자들이 이런 고민을 안은 채 매일 육아하고 있을 것입니다.

ABA를 비롯한 그 어떤 치료도 여러 가지 중 하나의 선택일 뿐 그것이 전부는 아닙니다. 아이 스스로가 인생을 즐기고, 또 아이의 성장에 따라 가족 모두가 행복할 수 있는 육아를 지원하는 데 이 책과 여기 소개된 프로그램들이 도움이 됐으면 합니다.

집필에 애써주신 후지사카 씨에게 깊은 경의를 표하고, 진솔한 수기를 써주신 보호자분들, 열의 있는 편집을 해주신 하세가와 씨와 나카니시 씨에게도 감사 인사를 드립니다.

이노우에 마사히코

옮긴이의 글

언어행동 전반을 발전시켜
즐겁게 소통할 수 있는 아이로

《집에서 하는 ABA 치료 프로그램-자폐아이를
위한 생활학습과제 46》은 치료사 선생님들은 물론, 부모님들이 어렵지
않게 ABA에 접근하고 바로 실행에 옮길 수 있기를 간절히 바라는 마음
으로 번역했던 책입니다. 그런 제 마음이 부모님들께 잘 전해진 것일까
요. 1권이 나온지 얼마 지나지 않아《집에서 하는 ABA 치료 프로그램-
자폐아이를 위한 의사소통과제 30》을 소개할 수 있게 되어 매우 기쁩
니다.

먼저 출간한 책에서는 생활 전반에 걸쳐 꼭 필요하고 바로 적용할 수
있는 과제들을 많이 소개해드렸습니다. 이번 책은 지난 책에서 간략히
소개했던 의사소통 부분을 더 구체화·체계화하여 소개합니다. 무발화
인 아이의 발화를 끌어내는 것부터 발화한 단어를 문장으로 단계적으
로 확장시킬 수 있는 방법까지 자세히 소개하고 있습니다.

또한 불연속시행훈련(DTT)에 적합한 환경을 어떻게 꾸미면 좋을지
부터 지시 방법, 과제나 강화물을 제시하는 방법에 대해 구체적으로 알
려주고 있습니다. 본격적으로 프로그램을 소개하기 전, 부모님들이 많

이 했던 질문 위주로 16개의 Q&A가 소개되었는데, 과제를 진행하면서 생기는 문제점이나 풀리지 않는 부분의 해결 방법을 이 Q&A를 통해 찾을 수 있을 것입니다.

과제수행 중 아이가 잘 따라오지 못할 때는 항상 그 원인을 찾고자 노력해야 합니다. 그날 아이의 컨디션은 어떤지, 제시된 과제가 아이에게 너무 무리한 것은 아닌지, 수면부족이나 배고픔 등의 환경적 요인은 없는지, 아이가 정말 좋아하는 강화물을 제시하고 있는지, 지도자의 욕심으로 아이에게 강화물을 너무 적게 주거나 촉구를 적게 주어 과제에 대한 흥미를 잃게 하고 있는 건 아닌지 등 다양한 요인을 항상 염두에 두어야 합니다. 갑자기 아이가 과제를 심하게 거부하는 등의 문제행동을 일으켜 과제 진행이 원활하지 않을 때 빠르게 대처할 수 있도록 평소에 생각할 수 있는 원인들의 리스트를 메모해 두고 그때그때 확인하면서 대처하면 혼란을 줄일 수 있습니다. 이런 과정을 병행하면 '아이가 과제에 즐겁게 임하며 다른 사람과 소통할 수 있다'는 최종목표를 달성할 수 있을 것입니다.

ABA에서는 언어를 다룰 때 말로 하는 언어뿐만 아니라 의사소통에 필요한 비언어적인 행동까지 모두 다룹니다. 그것을 우리는 언어행동(Verbal Behavior)이라 표현합니다. 심리학자 스키너는 인간의 언어는 사회적인 환경과의 상호작용을 통해 형성되고 발전된다고 말했습니다. 그렇기에 아이의 언어를 살필 때 단순히 말을 하는지 못하는지에만 집중하는 것이 아니라 아이의 비언어적인 행동에도 초점을 맞춰 모든 언어적인 행동을 발전시켜 나가며, 이를 바탕으로 적절한 상호작용을 할 수 있는 기회를 늘려가는 것이 바람직합니다.

이 책의 목표는 단순히 아이의 언어능력을 높이려는 데에만 있는 것이 아닙니다. 책에 소개된 과제를 수행할 때 아이가 언어행동 전반을 발전시키고 소통하는 것을 목표로 잡고 치료에 임하시길 바랍니다.

자폐아이에게 가장 결여되어 있는 부분은 사회성입니다. 그렇기에 의사소통과제를 할 때 말하기뿐만 아니라, 말을 통해 사람들과 소통하는 방법도 같이 지도해야 합니다. 단순히 과제를 할 수 있는지 없는지를 확인하거나, 못하던 것을 할 수 있게 하는 데 그쳐서는 안 됩니다. 과제를 통해 우리 아이가 사람들과 소통하는 즐거움을 느끼게 하는 것이 중요합니다. 사람들과의 상호작용에서 즐거움을 느끼게 되면 그 자체가 강화제 역할을 해, 아이가 스스로 더 많은 것을 배우고 소통하고자 할 것입니다.

강화제 사용은 물질적인 강화물과 사회적인 강화를 동시에 제공하다가 물질적인 강화물을 점차 줄여나가면서 지도자 자체가 강화제가 될 수 있다면, 아이가 상대방과 소통하고자 하는 동기부여로 이만한 것이 없을 것입니다.

부모님이 ABA에 대해 알고 배우고 생활 속에서 실천하는 것이 아이에게 가장 큰 도움이 되지만, 부모님들이 비전문가인 이상 도무지 어떻게 진행해야 할지 모르거나 벽에 부딪히는 때도 많을 것입니다. 감사하게도 이제 국내에도 ABA 치료센터와 행동분석전문가가 많아졌습니다. 거주하는 지역의 전문가, 전문기관을 알아두시고 온라인이나 전화 또는 직접 방문으로 상담과 지도를 받으면서 진행한다면 더욱 도움이 되실 것입니다.

　끝으로 지금 이 순간에도 아이를 위해 모든 노력을 다하고 있는 부모님들께 진심으로 응원의 말을 전합니다.

민정윤

ABA 주요 치료 지원단체 · 조직

일본

- NPO법인 쓰미키회 http://www.tsumiki.org/
- NPO법인 교육임상연구기구 나카요시 키즈스테이션 http://www.n-kids.net/
- 피라미드 교육 컨설턴트 오브 재팬 http://www.pecs-japan.com/

국내

- ABA 부모회 http://abahome.org
- 한국행동분석학회 http://kaba.or.kr
- 한국응용행동분석전문가협회 http://bcba.co.kr
- 피라미드 교육컨설턴트 코리아(한국 PECS) http://pecs-korea.com
- 사단법인 한국자폐인사랑협회 http://www.autismkorea.kr

자폐아이를 위한
의사소통과제 30

집에서 하는
ABA 치료
프로그램 ❷

초판 1쇄 발행 2018년 12월 15일
초판 6쇄 발행 2022년 8월 30일

지은이 이노우에 마사히코, 후지사카 류지
옮긴이 민정윤
펴낸이 정용수

사업총괄 장충상
편집장 김민정 편집 조혜린
디자인 씨오디
영업·마케팅 김상연 정경민
제작 김동명 관리 윤지연

펴낸곳 ㈜예문아카이브
출판등록 2016년 8월 8일 제2016-000240호
주소 서울시 마포구 동교로18길 10 2층(서교동 465-4)
문의전화 02-2038-3372 주문전화 031-955-0550 팩스 031-955-0660
이메일 archive.rights@gmail.com 홈페이지 ymarchive.com
인스타그램 yeamoon.arv

한국어판 출판권 ⓒ ㈜예문아카이브, 2018
ISBN 979-11-6386-009-9 13370